房地产企业破产168问

杨彦兵　刘丽云◎编著

中国法制出版社
CHINA LEGAL PUBLISHING HOUSE

编委会成员

主　　编：杨彦兵　刘丽云

副 主 编：王赛康　杨　娟　任继尧

其他编写成员：

刘子龙　王胜刚　蒋　珊　马素侠　崔林刚

刘天逸　顾鹏媛　贾增骞　杨彦华　孙　朋

石亚飞　宋卫铮　耿　毅　李梦冉　张金杰

大成·公司智库团队简介

大成·公司智库团队是专注于企业债务危机化解与公司纠纷争议解决的专业化法律服务团队，业务范围涵盖破产重整与清算、企业并购重组、公司类重大诉讼等领域。团队始终秉承“专注业务、精益求精、追求卓越”的宗旨，坚持“恪尽职守、勤勉尽责”的原则，以破产管理人为依托、破产重整与公司类诉讼业务为重点，注重专业化、团队化、规模化、品牌化、学术化建设，着力打造破产领域的一流法律服务团队。

团队现有专业律师三十余名，会聚了精研破产重整与清算、重大商事诉讼、公司类刑事犯罪辩护与代理等专业领域的律师，并吸收了来自于金融、计算机、财会等各领域的专业人才。成员不仅精通相关领域法律规则，而且具有深厚的法学理论功底和丰富的实务经验。通过自身专业人才的储备、综合性的团队架构以及各团队成员丰富的实战经验，团队能够为相关行业以及破产相关各方（债权人、债务人、投资人以及政府、法院）提供全方位、多层次、立体化的法律服务。

团队已建立战略投资人信息平台和资源合作平台，通过多年从事专业化法律服务，积累了丰富的客户资源和社会资源。在办理破产业务过程中，能够通过出色的资源统筹与调配整合能力、出众的谈判博弈能力与协调沟通能力，最大限度保障破产相关各方合法权益的同时，实现破产案件高效率、高质量、高标准办理。

序　　言

房地产企业破产案件是企业破产案件中较为疑难复杂的类型，涉及多重法律关系的竞合矛盾和权利义务冲突，尤其是对集合于同一标的物即商品房上多重的物权、债权、合同、担保等各种法律与实务难题的解决，还涉及购房消费者生存权、建设工程款优先权等问题。要想办好房地产企业破产案件，需要深入的理论研究和长期的实务经验积累。

为正确处理不同权利特别是不同层次优先权利在房地产企业破产案件中的冲突，要在生存优先权、法定担保权、法定优先权、约定担保物权、税收优先权、普通债权以及取回权、撤销权等相关权利之间寻求公平、合理、可行的权利行使顺序。尤其是房地产企业破产时，利害关系人之间的各项权利冲突往往更为刚性，且因涉及生存权等权利而使矛盾格外激烈，易发生影响社会稳定的群体性事件。所以法院在审理案件时、管理人在执行管理职务时，就需要正确理解和适用与房地产企业破产相关的各种法律法规、司法解释、规范文件以及相关法理，并运用法律、金融、经济、社会等方面的多种手段，去寻求实现对多方利害关系人的社会实质公平与共赢。

办理房地产企业破产案件除需要掌握破产法的理论与实务外，还必须解决破产法与其他法律适用的矛盾和实务中的“府院联动”[①] 等问题。房地产企业经营的复杂性决定了其破产案件的办理中，存在法律调整的综合性、交叉性。在许多具体法律问题上，往往存在《民法典》《企业破产法》《民事诉讼法》《公司法》和税法以及相关司法解释等多方面的法律规定，而这些法律规定之间可能并不协调，与企业破产法规定的原则也可能存在差异，如何确定这些

---

① 政府与法院之间的协作联动。

冲突法律规定的适用原则，是我们能否正确办理破产案件的关键之一。虽然《民法典》等一般法在很多方面为我们确立了普遍性的法律原则，这些原则往往也为破产法所采用，但它们主要还是调整债务人有清偿能力之常态下发生的一般法律问题，而破产法则是解决债务人丧失清偿能力之非常态下发生的特别法律问题。由于前提条件与适用情况不同，两者之间就必然会存在一些权利义务调整方面的差异。为此需要明确，在破产程序中破产法包括其法理原则作为特别法应具有排他性的优先适用效力。这种优先适用效力并不因一般法与特别法之间立法时间的先后差异而遵从“新法优于旧法”的原则，也不因一般法与特别法之间立法级别或效力级别上的差异而适用“下位法服从上位法”的原则。这些原则通常是在同一类法律相互之间判断效力时适用的。而在破产这一特殊事项上，企业破产法及其系列司法解释与其他立法相比，作为特别法应当具有优先适用的效力。包括在一些其他立法有规定而破产法没有规定的情况下，对那些不符合破产法法理和适用原则的规定，也应当考虑让位于破产法法理的适用。在司法实践中如何妥善适用法律，需要不断总结经验，规范操作程序，尤其需要认真从理论和实务角度进行思索和研究。

由北京大成（石家庄）律师事务所杨彦兵、刘丽云律师联合编著出版的《房地产企业破产 168 问》一书，以对房地产企业破产中的各种理论和实务问题进行针对性问答的方式，与读者分享破产管理人工作中对破产法规定和法理的理解以及房地产企业破产实务问题的经验，不仅从理论与实务结合的角度为读者提供了诸多破产问题的解决思路和操作方法，而且也体现出作者对破产管理人事业的执着与社会责任意识。本书的两位作者曾成功办理众多房地产企业破产重整案件，有较为深厚的理论基础和丰富的实务经验。全书系统研究了《企业破产法》及其司法解释、《全国法院破产审判工作会议纪要》、《全国法院民商事审判工作会议纪要》等相关法律法规和规范性文件，以《企业破产法》的立法体例为写作体系，精准设定问题，其内容涵盖了破产法立法宗旨、破产申请与受理、管理人制度、债务人财产、破产费用和共益债务、债权申报、债权审核、债权人会议、破产重整、破产和解、破产清算、预重整、“执转破”①、实质合并破产、税务问题、债权人权利保障、破产衍生诉讼、法律责任等方面的 168 个

① 执行案件移送破产审查。

问题。书中不仅涉及房地产企业破产的法律问题，而且对企业破产中的各种社会衍生问题以及“府院联动”解决机制也做了分析和介绍。

在房地产企业破产案件中，各种社会衍生问题的解决往往影响到案件办理的成败。法院在破产案件审理中主要是处理债权债务等法律问题，相关衍生社会问题的解决则主要属于当地政府的行政职责领域。在房地产企业破产案件中，地方政府应当予以积极支持和配合，要防范并纠正不作为、乱作为的现象。地方政府必须贯彻中央文件中“依法为实施市场化破产程序创造条件”的规定，为法院依法受理、公正审理破产案件提供社会保障。如何协调取得地方政府的支持和配合也是管理人工作中一个重要的方面。

房地产企业破产案件中纷繁复杂的法律与实务问题，是对破产管理人理论知识、实操能力、办事水平、应变能力的考验，需要依据法律和法理、秉承社会实质公平的原则审慎、妥善处理。本书作者对一些实务难题的处理，既考虑到实际问题的解决，又注意不突破法律与法理的框架。管理人的工作往往不能简单地采取“一刀切”的方案，解决问题的思路要具有多元化、多维度和开创性。本书在这方面为读者提供了可资借鉴的研究成果。

本书主要面向司法工作者、破产管理人、企业家、政府有关部门人士等读者群体，不仅注重理论性与实务性，也更加强调其工具性与可操作性。我相信本书的出版，将会有助于读者更为深入地了解房地产企业破产的理论与实务问题。或许一些观点还存在不够成熟和有待完善之处，但其对房地产企业破产的理论分析以及诸多案例情况和实务经验的收集与分析，有助于读者从多角度、全方位理解房地产企业破产中的法律适用，尤其是对具体办理破产案件的法官和律师等从事破产实务工作的人员会起到借鉴与帮助作用，在《企业破产法》修订的背景下，还可以为立法的修改提供有益的思路。期望本书的出版，能够为推动我国房地产企业破产的理论研究与实务操作的完善作出贡献。

中国人民大学法学院教授、 博士生导师
中国人民大学破产法研究中心主任
北京市破产法学会名誉会长
王欣新
2022 年 9 月 2 日于京

目录
CONTENTS

第一章　总则

第二章　申请和受理

第三章　管理人

第四章 债务人财产

第五章 破产费用和共益债务

第六章　债权申报

第七章　债权人会议

第八章　重整

第九章　和解

第十章　破产清算

第一章　总则

第 1 问：企业破产法的立法宗旨是什么？

企业破产法集清算退出与重整更生程序于一体，是警醒正常市场主体“向死而生”之法，是帮助企业“涅槃重生”之法，是促使失败企业“规范退出”之法。破产法律制度是市场经济法律体系不可或缺的重要组成部分，甚至被人称为市场经济之“宪法”。①2006 年 8 月 27 日，中华人民共和国第十届全国人民代表大会常务委员会第二十三次会议通过《中华人民共和国企业破产法》(以下简称《企业破产法》)。

2007 年 6 月 1 日，该法正式实施。根据《企业破产法》第一条的规定：“为规范企业破产程序，公平清理债权债务，保护债权人和债务人的合法权益，维护社会主义市场经济秩序，制定本法。”本条是对《企业破产法》的立法宗旨及根本目的的规定，由此可知该法的立法宗旨分为以下四点。

一、规范企业破产程序

“破产”从经济意义上讲属于一种不良的经济状态，法律意义上则属于一种法律程序及法律手段。随着我国改革开放的不断深化与市场经济体制的不断完善，我国经济体制对破产法律制度提出“从无到有”的要求。早在 1954 年至 1957 年，最高人民法院便陆续发布了关于全国各地方法院请示破产事宜的复函或批复。20 世纪 90 年代末至 21 世纪初，国家针对企业破产问题发布了数部行政决定、部门规章和司法解释，在破产法领域出现了法律规定比较繁杂，行政决定、部门规章与法律相冲突的现象，造成了破产程序在一定程度上的无序或失效状态②,《企业破产法》也因此应运而生。该法由总则、申请和受理、管理人、债务人财产、破产费用和共益债务、债权申报、债权人会议、重整、和解、破产清算、法律责任、附则，共计 12 章、136 条组成，《企业破

① 王欣新:《破产王道》，法律出版社 2021 年版，第 1 页。

② 王卫国:《破产法精义》(第二版)，法律出版社 2020 年版，第 2 页。

产法》的诞生也标志着我国的破产法律制度实现了“从有到优”的转变，该法充分结合当时的国情及国内外先进的破产经验，对于破产程序的完善及规范有十分积极的意义。

二、公平清理债权债务

《企业破产法》最主要的功能在于通过法律程序清理破产企业债务，并依法进行清偿。破产程序是在人民法院的支持下以及债权人、债务人与其他利害关系人的参与下，对债务人财产进行公平处置，使全体债权人获得公平受偿机会的一种法律程序。公平为《企业破产法》的第一要义，其公平清理债权债务的精神主要体现在以下三点。

第一，债权人的法律地位平等、受偿机会均等、同类债权人依法行使自身权利；

第二，《企业破产法》中的附利息债权停止计息、禁止个别清偿、出资人权益限制行使等规定，则充分体现了破产程序的公正属性；

第三，所有债权按照法定顺位获得受偿，前一顺位债权获得足额受偿后，后一顺位债权才能就剩余财产进行分配，破产财产不足以清偿同一顺位债权时，按比例进行清偿。

三、保护债权人和债务人的合法权益

债权人与债务人作为破产程序中的两大主体，其本质上既分立又统一，从经济属性上讲“欠债还钱，天经地义”，债务人企业应当按时、按约偿付债权人的债务；但从破产本质属性上讲，在企业陷入经营困局的情况下，存在当事人以理性精神和友善态度寻求利益与共、互利共赢的协同空间[①]。实践中，既要防止债务人“逃废债”，也要注意甄别债权人虚假申报债权，尤其在房地产企业破产案件中，法院及破产管理人作为破产程序的“主导者”，应当注意债权人合法权益边界，严格遵守法律法规的规定，在充分保障民生稳定的基础上，注重债务人合法权益的保护，防止管理人风险的同时，保障破产工作的顺利进行。

---

① 王卫国:《破产法精义》(第二版)，法律出版社 2020 年版，第 3 页。

四、维护社会主义市场经济秩序

“办理破产”也是世界银行营商环境评价体系中的核心指标之一，近年来我国破产案件办理无论从数量还是质量上都呈现出快速上升的状态，根据2021年8月18日，全国人大常委会执法检查组在第十三届全国人大常委会第三十次会议提请审议关于检查企业破产法实施情况的报告显示：自2007年企业破产法实施以来至2020年，全国法院共受理破产案件59604件，审结破产案件48045件。党的十八大以来，破产案件数量快速上升，2017年至2020年，受理和审结的破产案件分别占到法律实施以来案件总量的54%和41%[①]。近年来，破产制度以其市场化、法治化的方式优化市场资源配置，发挥困境企业拯救或僵尸企业退出的作用，逐渐成为供给侧结构性改革的重要内容及现代市场经济体系中的一项重要制度。

① 《全国人民代表大会常务委员会执法检查组关于检查〈中华人民共和国企业破产法〉实施情况的报告》，载中国人大网，http://www.npc.gov.cn/npc/kgfb/202108/0cf4f41b72fe4ddeb3d536dfe3103eb3.shtml，访问日期2022年2月5日。

第 2 问：企业破产法的适用范围是什么？

《企业破产法》第二条第一款规定："企业法人不能清偿到期债务，并且资产不足以清偿全部债务或者明显缺乏清偿能力的，依照本法规定清理债务。"

《企业破产法》第一百三十五条规定："其他法律规定企业法人以外的组织的清算，属于破产清算的，参照适用本法规定的程序。"

因此，《企业破产法》的适用主体为企业法人，包括股份有限公司、有限责任公司、集体所有制企业等。其他非企业法人组织的解散或终止，应该依法进行清算的也参照适用《企业破产法》。

如合伙企业。《合伙企业法》第九十二条规定："合伙企业不能清偿到期债务的，债权人可以依法向人民法院提出破产清算申请，也可以要求普通合伙人清偿。合伙企业依法被宣告破产的，普通合伙人对合伙企业债务仍应承担无限连带责任。"合伙企业的破产清算参照适用《企业破产法》的规定。

如民办学校。《民办教育促进法》第五十八条规定："民办学校终止时，应当依法进行财务清算。民办学校自己要求终止的，由民办学校组织清算；被审批机关依法撤销的，由审批机关组织清算；因资不抵债无法继续办学而被终止的，由人民法院组织清算。"参照《最高人民法院关于对因资不抵债无法继续办学被终止的民办学校如何组织清算问题的批复》，民办学校的破产清算参照适用《企业破产法》的规定。

如个人独资企业。参照《最高人民法院关于个人独资企业清算是否可以参照适用企业破产法规定的破产清算程序的批复》，个人独资企业的破产清算程序也参照适用《企业破产法》的规定。

第 3 问：困境房地产企业申请破产的情形有哪些?

《企业破产法》第二条规定："企业法人不能清偿到期债务，并且资产不足以清偿全部债务或者明显缺乏清偿能力的，依照本法规定清理债务。企业法人有前款规定情形，或者有明显丧失清偿能力可能的，可以依照本法规定进行重整。"由此可知，房地产企业满足以下法定情形时，可依照《企业破产法》的规定启动破产重整或和解程序。

一、企业法人不能清偿到期债务

"企业法人不能清偿到期债务"是指债务人已全面停止偿付到期债务，而且没有充足的现金流量偿付正常营业过程中到期的现在债务。房地产企业全面停止付款的标志包括债务人未能支付租金、税款、薪金、员工福利、贸易款、工程款、材料款等应付款和其他应付费用。借助这一标志，可以使房地产企业在财务困难期间尽早启动破产程序，尽量降低资产减少的风险，避免因债权人争夺资产而造成债务人资产被瓜分，进而对全体债权人不利。

当然，债务人无能力偿还债务的认定，不以债权人提出请求为必要条件，也不以穷尽诉讼、执行等其他救济方式为债权人申请的前提。根据《最高人民法院关于适用〈中华人民共和国企业破产法〉若干问题的规定（一）》第二条规定："下列情形同时存在的，人民法院应当认定债务人不能清偿到期债务：（一）债权债务关系依法成立；（二）债务履行期限已经届满；（三）债务人未完全清偿债务。"

二、资产不足以清偿全部债务

"资产不足以清偿全部债务"又称"资不抵债"，主要指企业账目上全部资产少于对外全部债务。实践中，企业是否存在资不抵债情况，在债务人企业正常经营或者故意不披露情况下，债权人难以得知。因此这仅是会计审计核算的计量标准。

关于如何认定债务人资不抵债，《最高人民法院关于适用〈中华人民共和国企业破产法〉若干问题的规定（一）》第三条明确规定："债务人的资产负债表，或者审计报告、资产评估报告等显示其全部资产不足以偿付全部负债的，人民法院应当认定债务人资产不足以清偿全部债务，但有相反证据足以证明债务人资产能够偿付全部负债的除外。"

三、资产明显缺乏清偿能力

以"明显缺乏清偿能力"替代"资不抵债"作为与"不能清偿到期债务"并列的条件，是对后者的一个限定。根据这一限定，一时不能支付但仍有清偿能力的企业不适用破产程序，因为在市场经济环境下，企业都可能存在短期偿债困难的情形，不能把企业一时困难认定为企业具备破产条件。

在判断企业是否缺乏清偿能力时，应当以其自身财务状况为准，其关联企业或者连带债务人的财务状况，不能作为判断依据。但有时候在企业资产负债表显示企业财务状况正常或者良好的情况下，也可能成立无力偿债的破产原因。最高人民法院《关于适用〈中华人民共和国企业破产法〉若干问题的规定（一）》第四条规定："债务人账面资产虽大于负债，但存在下列情形之一的，人民法院应当认定其明显缺乏清偿能力：（一）因资金严重不足或者财产不能变现等原因，无法清偿债务；（二）法定代表人下落不明且无其他人员负责管理财产，无法清偿债务；（三）经人民法院强制执行，无法清偿债务；（四）长期亏损且经营扭亏困难，无法清偿债务；（五）导致债务人丧失清偿能力的其他情形。"

第4问：烂尾楼形成的原因和普遍存在的问题是什么？

烂尾楼成因复杂，总结起来，主要有以下几个方面：

第一，开发商在缺乏足够建设资金的情况下，仅靠部分启动资金盲目建设，后期可能由于自身实力不足或经营不善，未能如期收回投资，进而导致项目建设停滞；

第二，开发商对市场供求产生错误判断，项目操作资金过于庞大，房屋大面积空置，资金长期积压并最终无法承受形成停滞；

第三，受大环境冲击等不可抗力因素影响，造成项目“下马”；

第四，开发楼盘已经完工，但因欠费等致使相关手续不齐全，无法办证等。

每一栋烂尾楼的背后都涉及多方利益，从而引发种种矛盾，主要表现在：

第一，无法向业主交付房屋。烂尾楼表面上看是资金问题，本质上是资金、运作模式等各种利益的交织，导致长时间无法向购房业主或回迁业主交付房屋，时间拖延越久，矛盾就越突出。

第二，民间借贷关系中债权人的维稳问题。大部分房地产企业难以获取正常的银行贷款，只能以名为购房实为借款的形式向民间资本借贷，一旦出现问题楼盘，民间借贷债权人的利益难以获得与一般购房人和金融机构一样的保障，从而可能采取更为激烈的手段维权。

第三，欠付大量工程款，难以启动恢复工程建设。开发企业资金紧张或资金链断裂后，施工单位最简单的维权方式就是停止施工，导致欠付建筑工人工资，甚至通过诉讼拍卖变现在建工程，加剧购房人恐慌。但在前期工程款未获清偿，后期工程款也无保障的前提下，烂尾楼是否恢复施工以及如何恢复施工亟待解决。

第四，法律关系错综复杂。房地产企业的债权人不仅包括常规的金融机构、税务机关、职工、民间借贷债权人等，还涉及公积金中心、购房者、建设工程承包商、材料供应商、进城务工人员等特殊主体。同时在建工程抵押权、建设工程优先权以及消费性购房优先权三种权利相互交织，房地产企业深陷多重债务，各种诉讼保全和执行中查封措施形成新的连环法律问题，以上各类问题环环相扣，矛盾层层叠加。

第5问：引入破产程序对困境房地产企业有哪些积极意义？

通过研判发现，困境房地产企业面临的困境主要有：

第一，集团破产现象突出，债权债务关系复杂，融资成本高，利息一直增加。申请破产的房地产企业集团内部往往既有开发企业，又有建设施工企业，企业间人力、财务高度混同，互为担保，债权债务关系复杂。

第二，破产企业经营管理混乱，资产清理困难。

第三，工程挂靠普遍，在建工程烂尾，变现困难。

第四，劳务分包引发欠薪。房地产企业属于劳动密集型行业，建设施工企业通常以劳务分包方式解决劳动力投入，企业陷入债务危机常常会衍生欠薪问题。

基于此，引入破产重整程序对困境房地产企业有如下积极意义：

一、房地产企业可以继续营业。根据《企业破产法》第二十五条、第二十六条的规定，在第一次债权人会议召开之前，管理人可以决定继续或者停止债务人的营业；管理人决定债务人继续营业的，应当经人民法院许可。由此可知，破产重整程序中允许债务人继续营业，进入程序后房地产企业的施工、建设与营销等营业活动可以继续进行。通过复工续建方式使困境房地产企业财产保值增值，实现债务人资产价值最大化，才能最大限度地保障各类债权人的合法权益。

二、满足条件时，可以自行管理财产和营业事务，不丧失企业控制权。《企业破产法》第七十三条规定："在重整期间，经债务人申请，人民法院批准，债务人可以在管理人的监督下自行管理财产和营业事务。有前款规定情形的，依照本法规定已接管债务人财产和营业事务的管理人应当向债务人移交财产和营业事务，本法规定的管理人的职权由债务人行使。"参照《全国法院民商事审判工作会议纪要》第一百一十一条第一款规定："重整期间，债务人同时符合下列条件的，经申请，人民法院可以批准债务人在管理人的监督下自行管理财产和营业事务：（1）债务人的内部治理机制仍正常运转；（2）债务人自行管理有利于债务人继续经营；（3）债务人不存在隐匿、转移财产的行为；（4）债务人不存在其他严重损害债权人利益的行为。"

三、大额债权利息停止计算。根据《企业破产法》第四十六条第二款规定，附利息的债权自破产申请受理时起停止计息。根据《全国法院破产审判工作会议纪要》第二十八条规定，破产财产依照企业破产法第一百一十三条规定的顺序清偿后仍有剩余的，可依次用于清偿破产受理前产生的民事惩罚性赔偿金、行政罚款、刑事罚金等惩罚性债权。由此可知，当进入破产重整程序后，大额债权的利息停止计算，同时在重整程序中可将已经产生的利息作为劣后债权进行清偿，较好地剥离困境房地产企业债务负担。

四、抵押担保物权暂停行使。根据《企业破产法》第七十五条第一款规定，在重整期间，对债务人的特定财产享有的担保权暂停行使。可知，进入重整程序可以阻断困境房地产企业抵押物被拍卖执行的风险。

五、通过重整程序有利于公平清理债务。进入重整程序后，由债权人向管理人申报债权，管理人梳理债务人的债权债务，将困境房地产企业的债权债务关系、债权清偿、债权调整、经营计划等方案进行整合并形成重整计划草案，由各类债权人在重整程序中行使表决权，以多数决的方式理性地表决通过重整计划。经债权人会议通过并经法院裁定批准的重整计划对全体债权人具有约束力。通过重整程序，能够实现各类债权人的公平受偿，保障重整程序的公平性。

六、通过府院联动机制，建立企业破产处置工作联席会议，协调处理破产企业的税收、社保和行政审批等难题。用好破产费用综合保障机制，妥善化解农民工欠薪问题，优化资源配置。

第二章　申请和受理

第 6 问：我国现行法律体系下如何启动破产程序？

根据《企业破产法》《最高人民法院关于适用〈中华人民共和国民事诉讼法〉的解释》《最高人民法院关于执行案件移送破产审判若干问题的指导意见》等法律和司法解释，我国目前启动破产程序有四种形式：

一、债务人申请企业破产。《企业破产法》第七条第一款规定："债务人有本法第二条规定的情形，可以向人民法院提出重整、和解或者破产清算申请。"也就是说，债务人存在不能清偿到期债务，且资产不足以清偿全部债务或者明显缺乏清偿能力的或者有明显丧失清偿能力可能的，可以自己向法院申请进入破产程序。

二、债权人申请企业破产。《企业破产法》第七条第二款规定："债务人不能清偿到期债务，债权人可以向人民法院提出对债务人进行重整或者破产清算的申请。"

三、依法负有清算责任的人申请企业破产。《企业破产法》第七条第三款规定："企业法人已解散但未清算或者未清算完毕，资产不足以清偿债务的，依法负有清算责任的人应当向人民法院申请破产清算。"根据《公司法》第一百八十三条规定，"依法负有清算责任的人"包括：有限责任公司的股东，股份有限公司董事或者股东大会确定的人员。

四、执行转破产审查。《最高人民法院关于适用〈中华人民共和国民事诉讼法〉的解释》首次提出"执转破"，该解释第五百一十一条规定："在执行中，作为被执行人的企业法人符合企业破产法第二条第一款规定情形的，执行法院经申请执行人之一或者被执行人同意，应当裁定中止对该被执行人的执行，将执行案件相关材料移送被执行人住所地人民法院。"2017 年出台的最《高人民法院关于执行案件移送破产审判若干问题的指导意见》细化了执行转破产审查的三个条件：（一）被执行人为企业法人；（二）被执行人或者有关被执行人的任何一个执行案件的申请执行人书面同意将执行案件移送破产审查；（三）被执行人不能清偿到期债务，并且资产不足以清偿全部债务或者明显缺乏清偿能力。

第 7 问：困境房地产企业申请破产时如何确定管辖法院？

《企业破产法》第三条规定："破产案件由债务人住所地人民法院管辖。"第四条规定："破产案件审理程序，本法没有规定的，适用民事诉讼法的有关规定。"《最高人民法院关于适用〈中华人民共和国民事诉讼法〉的解释》规定，法人的住所地是指法人的主要办事机构所在地。法人的主要办事机构所在地不能确定的，法人的注册地或者登记地为住所地。因此，《企业破产法》第三条中的"债务人住所地"以此确定。

《最高人民法院关于审理企业破产案件若干问题的规定》第二条对破产案件的级别管辖作出具体规定，即基层人民法院一般管辖县、县级市或者区的工商行政管理机关核准登记企业的破产案件；中级人民法院一般管辖地区、地级市（含本级）以上的工商行政管理机关核准登记企业的破产案件；纳入国家计划调整的企业破产案件，由中级人民法院管辖。

由于房地产企业破产案件影响范围广，需要充分发挥当地政府作用，为便于案件审理，上级人民法院可能会指定下级人民法院审理，而《企业破产法》对此并未作出相应规定，应依据《民事诉讼法》的规定执行，该法第三十九条规定："上级人民法院有权审理下级人民法院管辖的第一审民事案件；确有必要将本院管辖的第一审民事案件交下级人民法院审理的，应当报请其上级人民法院批准。下级人民法院对它所管辖的第一审民事案件，认为需要由上级人民法院审理的，可以报请上级人民法院审理。"司法实践中，法院均是参照上述规定指定管辖。笔者律师团队承办的河北 ZM 房地产开发集团有限公司破产重整一案，该公司工商登记为石家庄市市场监督管理局，依法应由石家庄市中级人民法院审理，但是该院经过综合考量、研判，认为石家庄市裕华区人民法院审理更为合适。在当地党委政府的配合支持下，石家庄市中级人民法院经报请河北省高级人民法院批准，将案件交由石家庄市裕华区人民法院审理。

第 8 问：重整、和解、清算三种程序之间如何转化？

一般来说，破产和解、破产重整对债务人造成的后果不是终结性的，不会导致其丧失法人资格。因此，在债务人重整或和解过程中很可能出现，因债务数额过大导致的无法偿还债务或者重整、和解的程序遇到实质性的障碍、债权人会议始终无法表决通过等问题，这就涉及程序之间的转化。

一、破产和解转化为破产清算

根据我国破产和解制度，只要债权人会议以法定多数通过和解协议，对反对的少数债权人亦均具有法律效力。一旦出现以下情形，法院应依法宣告债务人破产：

（一）和解程序未通过或通过但未获法院认可。《企业破产法》第九十九条规定："和解协议草案经债权人会议表决未获得通过，或者已经债权人会议通过的和解协议未获得人民法院认可的，人民法院应当裁定终止和解程序，并宣告债务人破产。"

（二）和解协议无效。《企业破产法》第一百零三条第一款规定："因债务人的欺诈或者其他违法行为而成立的和解协议，人民法院应当裁定无效，并宣告债务人破产。"

（三）债务人不能执行或者不执行和解协议。《企业破产法》第一百零四条第一款规定："债务人不能执行或者不执行和解协议的，人民法院经和解债权人请求，应当裁定终止和解协议的执行，并宣告债务人破产。"

二、破产重整转化为破产清算

根据《企业破产法》规定，破产重整程序存在以下情形可以转化为破产清算：

（一）重整计划未获批准。《企业破产法》第八十八条规定："重整计划草案未获得通过且未依照本法第八十七条的规定获得批准，或者已通过的重整计划未获得批准的，人民法院应当裁定终止重整程序，并宣告债务人破产。”

（二）债务人自身有三类恶意行为。《企业破产法》第七十八条规定：“在重整期间，有下列情形之一的，经管理人或者利害关系人请求，人民法院应当裁定终止重整程序，并宣告债务人破产：（一）债务人的经营状况和财产状况继续恶化，缺乏挽救的可能性；（二）债务人有欺诈、恶意减少债务人财产或者其他显著不利于债权人的行为；（三）由于债务人的行为致使管理人无法执行职务。”

（三）重整计划无法被执行或债务人不执行重整计划。《企业破产法》第九十三条第一款规定：“债务人不能执行或者不执行重整计划的，人民法院经管理人或者利害关系人请求，应当裁定终止重整计划的执行，并宣告债务人破产。”

三、破产清算转化为破产重整或破产和解

债务人进入破产清算程序后，在法院宣告破产之前，债务人仍有机会进入和解或重整程序。《企业破产法》第七十条第二款规定：“债权人申请对债务人进行破产清算的，在人民法院受理破产申请后、宣告债务人破产前，债务人或者出资额占债务人注册资本十分之一以上的出资人，可以向人民法院申请重整。”第九十五条第一款规定：“债务人可以依照本法规定，直接向人民法院申请和解；也可以在人民法院受理破产申请后、宣告债务人破产前，向人民法院申请和解。”

《企业破产法》及相关法律并未规定债务人被宣告破产后的救济途径，一旦被宣告，破产企业将走向“死亡”。由此可知，破产重整、破产和解转化为破产清算在程序各个阶段基本均可实现，而破产清算转化为破产重整或破产和解仅可在程序初期进行，且仅能转化为一种程序。

第 9 问：政府介入烂尾楼项目有哪些法律依据及相应的法律风险有哪些？

政府处理烂尾楼问题，有利于优化城市形象，盘活土地资源。但如果政府依靠行政手段介入烂尾楼项目，其实质是对企业的行政接管。目前我国行政接管制度没有系统性规定，散见于行政类法规、刑事类司法解释，行政接管运用较多的主要有以下三方面：

一、《市政公用事业特许经营管理办法》第十八条规定，政府可以临时行政接管市政公用事业特许经营的五种情况。

二、《商业银行法》第六十四条第一款规定：“商业银行已经或者可能发生信用危机，严重影响存款人的利益时，国务院银行业监督管理机构可以对该银行实行接管。”

三、最高人民法院、最高人民检察院、公安部、司法部《关于办理黑恶势力刑事案件中财产处置若干问题的意见》第十二条第一款规定：“对于不宜查封、扣押、冻结的经营性财产，公安机关、人民检察院、人民法院可以申请当地政府指定有关部门或者委托有关机构代管或者托管。”

超出这三种情形政府插手企业经营、接管企业，存在较大法律风险。针对烂尾楼项目，如果政府接管，一般是对烂尾楼项目评估后，通过引进政府城投公司或第三方公司等形式进行接盘。但是实际操作过程中成功率不高。原因在于：

一、政府单独介入“烂尾楼”的边界存在模糊。政府究竟如何介入烂尾楼的续建，介入的深度和广度、公权力充分行使与对私权利干预的最小化是首先需要解决的。公权力对破产企业实际情况如何摸底很容易陷入困境。在没有证据证明原开发商或管理层涉嫌相关刑事犯罪具备刑事立案的条件下，法律并没有赋予政府或其他相关部门去核查或调取一个公司的经营账目的权力。因此政府对法律程序之外的“介入”持谨慎态度，尤其在中央三令五申保护民营企业的大背景下，如果贸然通过法律程序之外的方式对烂尾楼进行整体接管或主导烂尾楼财产拍卖程序，可能存在较大的风险。实践中也存在许多政府为妥善解决民生问题，主导地方政府公司接管企业或主导拍卖程序，导致出资人或达不到诉求的债权人通过诉讼、信访等方式“维权”，相关责任人员也因此被事后问责或受到处分。

二、政府单独介入无法彻底解决烂尾楼主体资格及其自身负担的庞大债务问题。房地产企业作为依法成立的法人组织，其遭遇开发困境时自身主体资格上将负担庞大的债务，因烂尾楼涉及众多购房人、建筑工人等债权人的切身利益，该类群体本身诉求就难以统一，即便能够达成一致意见，也可能会因为没有司法制度的保障，而在后续开发建设过程中出现部分债权人不遵守约定，肆意行使原债权的诉权，请求适用司法强制措施的情形，届时即使将企业原股东“清理出局”，也无法彻底解决房地产企业主体资格上负担的庞大债务问题。

三、政府单独介入无法确认各类债权真实性及其清偿顺位等法律问题。政府面对大量购房户或者工程款或者各类债权人时，难以甄别债权的真实性和各自债权的清偿顺位，各类债权人之间权利如何分配问题难以解决。因此，烂尾楼项目单独靠行政和市场手段介入，资金成本和时间成本都会很高，也难以从根本上解决问题。

基于上述客观情况，政府依靠行政手段单独介入烂尾楼项目风险较高，根据《企业破产法》的规定在法律范畴内采用法治手段进行处置更为适宜。

第 10 问：府院联动机制的法律法规依据及其必要性如何？

府院联动是指破产程序中法院主导司法程序、政府主导维稳风险管控与相关行政事务协调推进的一种模式，是目前在破产审判工作中解决企业破产衍生社会问题的一种协调联动机制。

一、关于府院联动机制的法律法规依据

（一）国务院发布的《优化营商环境条例》将县级以上地方人民政府建立企业破产工作协调机制上升为行政法规明确的法定职责范畴①。

（二）国家发展和改革委员会、工业和信息化部、财政部等十一部委联合发布的《关于进一步做好“僵尸企业”及去产能企业债务处置工作的通知》也要求“建立政府法院协调机制”，支持各级人民法院按照法定条件受理各类破产申请②。

（三）《全国法院破产审判工作会议纪要》更是进一步明确将政府与法院协调作为四项破产审判工作机制之一③。

（四）《最高人民法院关于为加快建设全国统一大市场提供司法服务和保

① 《优化营商环境条例》（国务院令第七百二十二号）第七条：“各级人民政府应当加强对优化营商环境工作的组织领导，完善优化营商环境的政策措施，建立健全统筹推进、督促落实优化营商环境工作的相关机制，及时协调、解决优化营商环境工作中的重大问题。县级以上人民政府有关部门应当按照职责分工，做好优化营商环境的相关工作。县级以上地方人民政府根据实际情况，可以明确优化营商环境工作的主管部门。国家鼓励和支持各地区、各部门结合实际情况，在法治框架内积极探索原创性、差异化的优化营商环境具体措施；对探索中出现失误或者偏差，符合规定条件的，可以予以免责或者减轻责任。”

② 《关于进一步做好“僵尸企业”及去产能企业债务处置工作的通知》（发改财金〔2018〕1756号）第六条第一项规定：“建立政府法院协调机制。鼓励各地方建立政府法院协调机制。任何组织、机构、企业或个人不得阻碍或拖延符合破产条件的企业或其债权人提起破产申请。支持各级人民法院按照法定条件依法受理各类破产申请。”

③ 根据《全国法院破产审判工作会议纪要》第一条规定，要健全破产审判工作机制，最大限度释放破产审判的价值。要进一步完善破产重整企业识别、政府与法院协调、案件信息沟通、合法有序的利益衡平四项破产审判工作机制，推动破产审判工作良性运行，彰显破产审判工作的制度价值和社会责任。

障的意见》也要求推进建立常态化的府院联动协调机制[1]。

二、关于府院联动机制的必要性

因烂尾楼项目遗留问题涉及相关利益主体众多，衍生的社会问题复杂，单纯依靠司法力量往往难以推动，单纯依靠政府的力量往往又缺乏强制执行力，通过府院联动的模式，能较为有效地解决破产衍生的社会事务，同时有利于及时推进破产程序，依法依规推动烂尾楼项目治理。

① 《最高人民法院关于为加快建设全国统一大市场提供司法服务和保障的意见》第六条规定："完善市场主体救治和退出机制。坚持破产审判市场化、法治化、专业化、信息化方向，依法稳妥审理破产案件，促进企业优胜劣汰。坚持精准识别、分类施策，对陷人财务困境但仍具有发展前景和挽救价值的企业，积极适用破产重整、破产和解程序，促进生产要素优化组合和企业转型升级，让企业重新焕发生机活力，让市场资源配置更加高效。积极推动完善破产法制及配套机制建设，完善执行与破产工作有序衔接机制，推动企业破产法修改和个人破产立法，推动成立破产管理人协会和设立破产费用专项基金，推进建立常态化'府院联动'协调机制。"

第 11 问：实践中，府院联动机制存在的问题及完善路径有哪些？

实践中，府院联动过程中主要存在以下问题：

一、在是否启动破产程序方面，有不少地方法院是以政府同意该企业破产作为立案条件的。

二、很多地区未建立府院联动协调常态化及长效化机制。目前的府院联动机制中，大部分地方政府针对破产案件采取临时遇到问题、临时开协调会“一事一议”“一案一议”的个案解决方式，而该种方式主要受领导重视程度的影响，缺乏一个常态化、长效化的机制。府院联动在某些地区只是解决个别破产案件的权宜之计，而非作为推动破产工作发展的长期政策。

三、部分府院联动机制流于形式、职责不明、联而不动，浪费行政资源。府院联动小组系因案件临时成立，各部门在府院联动中并未明确各自的职责，职责不明确导致一些部门失位，无法履行破产重整的相关职责。因缺少有效的监督机制，导致府院联动联而不动，相关会议商讨的解决破产重整问题的方案，不能有效形成制度并得到落实。

对于府院联动过程中存在的上述问题，可以从以下方面进行完善：

一、政府、法院、管理人应树立府院联动的意识，在做好职责划分的前提下，分工负责，各司其职，统筹推进法律事务和社会事务的协同解决。

二、建立府院联动常态化部门。为了推动破产工作的长期发展，建议区县政府，应在破产案件相对集中的地区，建立固定的府院联动班子，而非一个破产案件，组成临时的工作组或者专案组。政府有专门负责破产案件的联动班子，专门负责已经进入破产程序及将要进入破产程序的企业的府院联动，法院不需要在立案之前征求政府同意，才予以立案。

三、建立府院联动机制的相关细则。将联席会议制度、沟通协调机制、联络工作机制书面化，建立书面规范的相关细则。通过书面文件落实沟通协调事项，便于监督追责。充分发挥法院联动机制作用，对于市场主体的退出、资源有效利用、优化营商环境等具有重大意义。

第 12 问：政府部门工作人员组成清算组担任管理人，其在管理人中的定位和职责是什么？

《企业破产法》第二十四条第一款规定："管理人可以由有关部门、机构的人员组成的清算组或者依法设立的律师事务所、会计师事务所、破产清算事务所等社会中介机构担任。"《最高人民法院关于审理企业破产案件指定管理人的规定》第十九条规定："清算组为管理人的，人民法院可以从政府有关部门、编入管理人名册的社会中介机构、金融资产管理公司中指定清算组成员，人民银行及金融监督管理机构可以按照有关法律和行政法规的规定派人参加清算组。"上述规定是政府有关部门人员组成清算组担任管理人的法律依据所在，也说明政府成立清算组具有重要现实意义。这是因为企业破产尤其是房地产企业破产中，涉及的债权债务关系复杂，政府有关部门的参与有利于增强债权人对通过破产程序清偿债权来化解企业危机的信心，从而取得良好的社会和法律效果。实践中，房地产企业破产案件中的清算组成员一般由区住建局、区信访局、区财政局、区司法局、区市场监督管理局、区自然资源与规划局、区税务分局、区公安局等政府相关部门联合具有一级管理人资质的律师事务所组成，由律师事务所作为执行人，负责重整过程中的具体工作。

那么，清算组中政府工作人员在管理人中所行使的是行政职责还是《企业破产法》所赋予的管理人职责呢？"破产案件审理是法院的职权范围，而企业破产案件处理中涉及衍生的社会问题，则是政府的职责领域，政府既不能缺位，也不能越位。"[①]因此，清算组中政府工作人员其定位是管理人的一员，此时其职责范围并非本行政机关的行政职权，更多的是发挥其行政协调作用，对办理相关许可与证照、股权变更与登记、涉税问题等方面协调多部门的支持与配合，与律师事务所等清算组其他成员各司其职、形成合力，提高破产案件办理效率，推进整个程序顺利进行。

---

① 王欣新：《府院联动机制与破产案件审理》，载《人民法院报》2018 年 2 月 7 日第 7 版。

第 13 问：提出破产重整申请时应当提交哪些文件材料？

《企业破产法》第八条[①]规定了向人民法院提出破产申请应当提交破产申请书和有关证据，债务人提出申请的，还应当向人民法院提交财产状况说明、债务清册、债权清册、有关财务会计报告、职工安置预案以及职工工资的支付和社会保险费用的缴纳情况。

但对于申请破产重整除提交破产重整申请书外还应当提交哪些证据材料破产法并没有作出明确规定，实践中一般需要提供以下材料：

一、债务人提出破产重整申请需要提交的材料

（一）破产重整申请书，需载明申请人的基本信息、申请事项、申请的事实和理由。

（二）债务人的主体资格证明材料，一般为营业执照副本及最新的工商登记档案材料。

（三）债务人的股东会、董事会、主管部门或投资人同意重整的文件。

（四）债务人的职工花名册、工资清册、社保及保险缴纳清单及职工安置方案。

（五）债务人的资产负债表、资产评估报告以及审计报告。

（六）债务人的资产状况明细表，包括有形资产、无形资产及对外投资情况等。

（七）债务人的债权、债务及担保情况表。

（八）债务人所涉及的全部诉讼、仲裁、执行情况及相关法律文书。

---

① 根据《企业破产法》第八条规定，向人民法院提出破产申请，应当提交破产申请书和有关证据。破产申请书应当载明下列事项：（一）申请人、被申请人的基本情况；（二）申请目的；（三）申请的事实和理由；（四）人民法院认为应当载明的其他事项。债务人提出申请的，还应当向人民法院提交财产状况说明、债务清册、债权清册、有关财务会计报告、职工安置预案以及职工工资的支付和社会保险费用的缴纳情况。

（九）债务人具有重整价值的证据材料。

二、债权人提出破产重整申请需要提交的材料

债权人一般很难全面掌握债务人企业资产与负债的信息。债权人除对自己的债权较为了解外，也很难全面了解到其他债权人的债权情况。因此，当债权人向法院提出破产申请时并非必须提供资产负债表、资产评估报告及审计报告。债权人仅就自己的债权到期无法得到清偿来证明债务人企业不能清偿到期债务，具备申请启动对债务人破产程序的条件。债权人提出破产重整申请需要提交的材料主要包括以下几项：

（一）破产重整申请书，需载明申请人和被申请人的基本信息、申请事项、申请的事实和理由。

（二）申请人的主体资格证明材料，一般为营业执照副本或居民身份证及其他身份证明材料。

（三）债务人的主体资格证明材料，一般为最新的工商登记机关档案材料。

（四）债权人的到期债权不能得到清偿的证明材料，包括合同、生效法律文书等材料。

（五）债务人具有重整价值的相关证据材料。

第 14 问：破产申请能否撤回？

破产申请是指申请人根据《企业破产法》的相关规定向人民法院提出债务人重整、和解或清算申请的措施，当权利人提出申请后可能存在债务人自身经营好转或债权人与债务人达成和解而撤回破产申请的情况。以某数码科技公司为例，根据天眼查信息平台数据显示，截至 2022 年 8 月 9 日，该公司有自身风险 985 条，周边风险 386 条，历史风险 123 条，预警风险 44 条，因该公司存在破产情形，故该公司被四家公司债权人申请破产清算。但截至 2021 年 11 月 11 日，四家单位的申请人均已撤回破产申请。后该公司实际控制人罗某所属的直播电商公司官方微博回应称，上述破产清算申请是某数码科技手机债务相关的案件，双方已达成和解并按照协议进行债务处理中，债权方申请破产的流程已经撤回，由此拉开了罗某“真还传”的序幕。

一、从法律层面分析上述事件，根据《企业破产法》第九条规定，人民法院受理破产申请前，申请人可以请求撤回申请。由此可知，破产申请是可以撤回的，但是必须满足法定的条件，即在人民法院裁定受理破产申请之前。

二、根据《企业破产法》第十条规定：“债权人提出破产申请的，人民法院应当自收到申请之日起五日内通知债务人。债务人对申请有异议的，应当自收到人民法院的通知之日起七日内向人民法院提出。人民法院应当自异议期满之日起十日内裁定是否受理。除前款规定的情形外，人民法院应当自收到破产申请之日起十五日内裁定是否受理。有特殊情况需要延长前两款规定的裁定受理期限的，经上一级人民法院批准，可以延长十五日。”因此理论上债权人提出申请的，最长有三十七天的时间可以撤回申请；债务人提出申请的，有十五天的时间可以撤回申请。

三、实践中撤回破产申请的方式主要有两种：其一为申请人自愿撤回破产申请；其二为申请人提供材料不足、不充分，在人民法院要求当事人补正材料时，不按期补正、更正的，人民法院将视为撤回破产申请。

第 15 问：破产申请受理后能否撤回？

根据《企业破产法》第九条规定，破产申请撤回的时间节点为“人民法院受理破产申请前”，但实践中对法院裁定受理破产申请之后能否撤回破产申请有不同的观点。

观点一：破产申请一经受理，债务人即进入破产程序，会产生利息停止计算、诉讼、执行中止等后果，从破产程序本身固有的公开性和强制性考虑，如果同意申请人撤回申请，对全体债权人和其他利益相关方而言，其权益无法得到保障，因此破产申请受理之后，申请人将失去撤回申请的权利。

观点二：《企业破产法》虽然规定在人民法院受理破产申请前，申请人可以撤回破产申请，但是并没有法院受理破产申请后申请人不可撤回破产申请的禁止性规定，因此在满足一定条件下，应当尊重“当事人意思自治”的原则，允许申请人撤回申请。

观点三：《企业破产法》第十二条第二款规定：“人民法院受理破产申请后至破产宣告前，经审查发现债务人不符合本法第二条规定情形的，可以裁定驳回申请。申请人对裁定不服的，可以自裁定送达之日起十日内向上一级人民法院提起上诉。”可知，法院裁定受理破产申请后，若发现债务人企业不符合破产法规定的破产情形的，相关权利人可以向人民法院提供相应证据材料，由人民法院依法裁定驳回破产申请。

综上所述，实践中对于破产申请的撤回期限一般以观点一为主，法院通常不会同意申请人在人民法院受理破产案件后再请求撤回的申请。但是针对破产申请受理后，债务人进入破产程序并非一个不可逆的过程，必要时可以按照观点二、三的路径处理。

第 16 问：法院不受理或驳回破产申请后，权利如何救济？

《企业破产法》第十二条规定："人民法院裁定不受理破产申请的，应当自裁定作出之日起五日内送达申请人并说明理由。申请人对裁定不服的，可以自裁定送达之日起十日内向上一级人民法院提起上诉。人民法院受理破产申请后至破产宣告前，经审查发现债务人不符合本法第二条规定情形的，可以裁定驳回申请。申请人对裁定不服的，可以自裁定送达之日起十日内向上一级人民法院提起上诉。"

最高人民法院《关于适用〈中华人民共和国企业破产法〉若干问题的规定（一）》第七条规定："人民法院收到破产申请时，应当向申请人出具收到申请及所附证据的书面凭证。人民法院收到破产申请后应当及时对申请人的主体资格、债务人的主体资格和破产原因，以及有关材料和证据等进行审查，并依据企业破产法第十条的规定作出是否受理的裁定。人民法院认为申请人应当补充、补正相关材料的，应当自收到破产申请之日起五日内告知申请人。当事人补充、补正相关材料的期间不计入企业破产法第十条规定的期限。"

最高人民法院《关于适用〈中华人民共和国企业破产法〉若干问题的规定（一）》第九条规定："申请人向人民法院提出破产申请，人民法院未接收其申请，或者未按本规定第七条执行的，申请人可以向上一级人民法院提出破产申请。上一级人民法院接到破产申请后，应当责令下级法院依法审查并及时作出是否受理的裁定；下级法院仍不作出是否受理裁定的，上一级人民法院可以径行作出裁定。上一级人民法院裁定受理破产申请的，可以同时指令下级人民法院审理该案件。"

第 17 问：法院受理破产申请后，何时指定管理人？

《企业破产法》第十三条规定：“人民法院裁定受理破产申请的，应当同时指定管理人。”即人民法院在裁定受理破产申请时应当同时下达指定管理人的决定书，但是在实践过程中，裁定受理破产申请与指定管理人存在时间差的问题，其主要原因在于法院指定管理人的方式不同。

根据《企业破产法》第二十二条[①]规定，管理人由人民法院按照最高人民法院的规定指定。结合《最高人民法院关于审理企业破产案件指定管理人的规定》第二十条[②]规定及实践做法，目前各地都存在随机摇号、竞争选任、轮候以及直接指定等多种方式指定管理人。其中在破产清算案件或影响不大、法律关系简单、债务人财产集中的重整案件中常常以随机的模式指定管理人。这种模式虽然可以保障指定管理人工作的公开透明，但是也由于实践中管理人队伍的良莠不齐，以及中介机构的积极性可能受到债务人自身资产、案件难易程度、破产案件地域等众多因素的影响，中标后的中介机构遇到“好”的破产案件后积极联系法院顺利开展后续工作，遇到“不好”的案件后积极性降低，导致法院指定管理人的耗时少则一周以上，多则十几天，如遇重大疑难案件，法院可能难以在如此短暂的期限内作出客观合理判断，进而导致法院指定管理人的时间延后。

参照《企业破产法》第十四条[③]、第四十八条[④]的规定，可知人民法院至少

---

① 《企业破产法》第二十二条规定：“管理人由人民法院指定。债权人会议认为管理人不能依法、公正执行职务或者有其他不能胜任职务情形的，可以申请人民法院予以更换。指定管理人和确定管理人报酬的办法，由最高人民法院规定。”

② 《最高人民法院关于审理企业破产案件指定管理人的规定》第二十条规定：“人民法院一般应当按照管理人名册所列名单采取轮候、抽签、摇号等随机方式公开指定管理人。”

③ 《企业破产法》第十四条规定：“人民法院应当自裁定受理破产申请之日起二十五日内通知已知债权人，并予以公告。通知和公告应当载明下列事项：（一）申请人、被申请人的名称或者姓名；（二）人民法院受理破产申请的时间；（三）申报债权的期限、地点和注意事项；（四）管理人的名称或者姓名及其处理事务的地址；（五）债务人的债务人或者财产持有人应当向管理人清偿债务或者交付财产的要求；（六）第一次债权人会议召开的时间和地点；（七）人民法院认为应当通知和公告的其他事项。”

④ 《企业破产法》第四十八条第一款规定：“债权人应当在人民法院确定的债权申报期限内向管理人申报债权。”

应当在裁定受理破产申请之日起 25 天内完成指定管理人的全部工作，否则将会导致破产程序的违法。此外，为了缓解法律规定“同时指定”和事实上难以同时指定的矛盾，《全国法院破产审判工作会议纪要》中提出要实行管理人分级管理。高级人民法院或者自行编制管理人名册的中级人民法院可以综合考虑管理人的专业水准、工作经验、执业操守、工作绩效、勤勉程度等因素，合理确定管理人等级，对管理人实行分级管理、定期考评。对于债务人财产数量不多、债权债务关系简单的破产案件，可以在相应等级的管理人中采取轮候、抽签、摇号等随机方式指定管理人。这一举措既可以减少因所指定的管理人不能胜任管理工作而产生的外部成本，也能避免因甄选不同层次管理人而产生的内部成本[①]。这将大大缩短指定管理人所需时间，同时在发布选任公告时，利用全国企业破产重整案件信息网，将公告周期缩短至 3—5 个工作日，同时加快评审和摇号程序的节奏，及时完成管理人选任工作[②]。

---

① 杜军:《管理人制度完善的路径与思考》，载《人民法院报》2018 年 3 月 21 日第 7 版。

② 夏正芳、李荐、张俊勇:《管理人选任机制实证研究——以江苏法院管理人选任机制改革实践为蓝本》，载《法律适用》2017 年第 15 期，第 47—54 页。

第 18 问：法院受理破产申请后，对破产企业有哪些影响？

法院受理破产申请后，对破产企业的影响主要体现在两方面：

一、对破产企业人员的影响

《企业破产法》第十五条规定："自人民法院受理破产申请的裁定送达债务人之日起至破产程序终结之日，债务人的有关人员承担下列义务：

（一）妥善保管其占有和管理的财产、印章和账簿、文书等资料；

（二）根据人民法院、管理人的要求进行工作，并如实回答询问；

（三）列席债权人会议并如实回答债权人的询问；

（四）未经人民法院许可，不得离开住所地；

（五）不得新任其他企业的董事、监事、高级管理人员。

前款所称有关人员，是指企业的法定代表人；经人民法院决定，可以包括企业的财务管理人员和其他经营管理人员。"

二、对破产企业财产的影响

第一，债务人丧失对破产财产的处分权，转由管理人行使。债务人做出的认可影响破产财产的行为，包括转让财产、免除债务、签订合同、物权登记、债权让与、债务履行等被禁止。

第二，债务人个别清偿行为无效。

第三，管理人负责对债务人财产的受领，破产程序开始后，破产企业的债务人应当向管理人清偿债务，债务人财产的持有人应当向管理人交付财产。

第四，对未履行完毕的合同的影响，管理人对破产重整受理前成立而债务人和对方当事人均未履行完毕的合同有选择履行权，以避免破产前债务人签订一些对债权人不利的合同。

第五，保全措施的解除与执行程序的中止。法院受理破产案件后，有关债务人财产的保全措施应当解除，执行程序应当中止，不仅包括民事执行，也包括行政执行和刑事执行，目的是扩大破产财产的范围，防止破产财产的减损。

第 19 问：法院指定管理人后，管理人如何接管债务人财产？

根据《企业破产法》第二十五条规定，接管债务人财产、印章、账簿、文书等材料是管理人的首要工作，一般是在确认管理人之后，需要立即着手做的事情，也是为推进下一步的破产程序创造条件。管理人在交接之前要与企业员工先进行沟通，得到员工的积极配合。接管过程可以拍照和录像，针对交接物品制作详细的清单，交接人与接收人都要签字确认。管理人要及时对交接的物品、材料等进行合理的保管，防止损毁灭失。

在实践中，可能存在债务人消极抵制，不配合管理人的交接工作的情形。根据《最高人民法院关于推进破产案件依法高效审理的意见》第八条规定，债务人拒不移交的，人民法院可以根据管理人的申请或者依职权对直接责任人处以罚款，并可以就债务人应当移交的内容和期限作出裁定。债务人不履行裁定确定的义务的，人民法院可以依照民事诉讼法执行程序的有关规定采取搜查、强制交付等必要措施予以强制执行。人民法院亦可以依据我国《民事诉讼法》第一百一十条的规定对相关人员进行处罚。拒不交接，情节严重的，涉嫌拒不执行法院判决、裁定罪，可依法移送公安机关立案侦查，追究其刑事责任。

通过发挥管理人的积极能动性，在接管债务人财产时用活用足上述手段，有利于保持债务人财产的完整性，推进整体破产程序的顺利进行，为下一步重整工作的开展创造条件、奠定基础，最大限度地维护债权人的合法权益。

第 20 问：管理人决定继续履行合同时应当符合哪些条件？

《企业破产法》第十八条规定："人民法院受理破产申请后，管理人对破产申请受理前成立而债务人和对方当事人均未履行完毕的合同有权决定解除或者继续履行，并通知对方当事人。管理人自破产申请受理之日起二个月内未通知对方当事人，或者自收到对方当事人催告之日起三十日内未答复的，视为解除合同。管理人决定继续履行合同的，对方当事人应当履行；但是，对方当事人有权要求管理人提供担保。管理人不提供担保的，视为解除合同。"

进入破产程序后，管理人决定继续履行合同应对合同的性质、合同的作用、合同的目的及能否提高破产财产价值最大化等情形进行考量。主要有以下五点：

一、管理人继续履行合同必须是双方均未履行完毕的合同。

二、管理人需以债务人财产价值最大化为基本原则，从而选择合同。

三、合同履行的选择，要充分听取破产企业工作人员的意见。企业管理人员对于破产企业业务内容、合同内容较为清楚。管理人接管财产后，应充分听取企业的意见，向企业了解业务范围等，以便于日后管理工作的开展。

四、在破产案件中管理人行使相应权利需受到法院的监督，法院对管理人提出的继续履行的意见，发现不符合继续履行要求的，可以进行纠正。

五、合同继续履行应与合同相对方达成一致意见，对方当事人有权要求管理人提供担保。管理人不提供担保的，视为解除合同。

第 21 问：房地产企业破产案件中，如何快速解除对企业财产的查封、冻结等强制措施？

房地产企业在破产之前往往因负债或无法按期交房等原因，产生较多诉讼案件，当企业进入破产程序后，管理人依法履职调查梳理其财产状况时，通常会发现房地产企业名下的房产、土地、银行账户被不同地方的法院等机关查封、冻结的情况。无论从维护债权人利益的角度，还是从推进破产案件方面，都需要解除对上述财产的强制措施。这就意味着，在债务人财产上施加的查封、扣押、冻结等决定失去效力，管理人有权接管该财产并将其纳入债务人财产的范围。

在实践操作中，管理人通常会依据《企业破产法》第十九条和《最高人民法院关于适用〈中华人民共和国企业破产法〉若干问题的规定（二）》第七条规定，向各查封法院的承办法官提交告知函或申请书，法官收到告知函或申请书并确认管理人身份后，作出解封裁定。如执行法院拒不解除保全措施的，根据《全国法院破产审判工作会议纪要》第四十二条规定："……执行法院收到破产受理裁定后，应当解除对债务人财产的查封、扣押、冻结措施；或者根据破产受理法院的要求，出具函件将查封、扣押、冻结财产的处置权交破产受理法院。破产受理法院可以持执行法院的移送处置函件进行续行查封、扣押、冻结，解除查封、扣押、冻结，或者予以处置。执行法院收到破产受理裁定拒不解除查封、扣押、冻结措施的，破产受理法院可以请求执行法院的上级法院依法予以纠正。"因受到各种现实因素的影响与阻碍，快速办理解封的目的往往很难实现。

2021 年 2 月 25 日，国家发展和改革委员会、最高人民法院等 13 个部门[①]联合发布《关于推动和保障管理人在破产程序中依法履职进一步优化营商

① 国家发展和改革委员会、最高人民法院、财政部、人力资源和社会保障部、自然资源部、住房和城乡建设部、中国人民银行、国务院国有资产监督管理委员会、海关总署、国家税务总局、国家市场监督管理总局、中国银行保险监督管理委员会、中国证券监督管理委员会。

环境的意见》，明确了破产程序解除保全措施的新路径。根据该《关于推动和保障管理人在破产程序中依法履职进一步优化营商环境的意见》第十八条规定，人民法院裁定受理企业破产案件后，管理人持受理破产申请裁定书和指定管理人决定书，依法向有关部门、金融机构申请解除对破产企业财产的查封、扣押、冻结等保全措施的，相关部门和单位应当根据企业破产法规定予以支持配合。

根据上述规定，笔者律师团队在承办邯郸市 TX 房地产开发有限公司、河北 JC 房地产开发有限公司、邯郸市 STL 房地产开发有限公司、石家庄 QR 房地产开发有限公司等多家房地产企业破产重整案件过程中，以管理人身份向邯郸市不动产登记中心、高碑店市不动产登记中心等单位递交申请书、破产申请受理裁定书、指定管理人决定书等材料，并与部门工作人员进行了充分沟通，最终成功通过管理人申请的路径解除了对所承办房地产企业的查封等强制措施。

第 22 问：破产案件中，如何对债务人财产进行“保护性”查封？

《最高人民法院关于适用〈中华人民共和国企业破产法〉若干问题的规定（二）》第六条规定：“破产申请受理后，对于可能因有关利益相关人的行为或者其他原因，影响破产程序依法进行的，受理破产申请的人民法院可以根据管理人的申请或者依职权，对债务人的全部或者部分财产采取保全措施。”《最高人民法院关于适用〈中华人民共和国企业破产法〉若干问题的规定（二）》第六条是对《企业破产法》债务人财产保全制度的进一步完善，采取保护性保全措施应符合一定的条件：

一、从时间上看，破产案件受理后才可以进行。这是因为，破产程序的启动从破产申请受理后开始，且法院裁定受理破产案件的同时会指定管理人，对债务人财产进行接管、梳理、评估。而债务人财产保护性查封需要管理人发挥其职责作用。

二、从实质条件上看，需要出现“可能因有关利益相关人的行为或者其他原因，影响破产程序依法进行”的情况，这也是由保全措施作为一种临时救济措施的特性所决定的。实践中，债务人隐匿转移破坏债务人财产、非法个别清偿、解除债务人财产原有保全存在财产流失风险[①]等潜在或现实风险时，可考虑采取保护性查封。

三、需要经管理人申请或法院依职权作出。一种是管理人发现履行职责向法院提交书面申请；另一种是法院在破产案件审理过程中发现存在损害债务人财产行为，可依职权采取措施。

四、保全的范围包括债务人的全部或者部分财产。《企业破产法》第三十条规定：“破产申请受理时属于债务人的全部财产，以及破产申请受理后至破产程序终结前债务人取得的财产，为债务人财产。”

---

① 最高人民法院民事审判第二庭编著：《最高人民法院关于企业破产法司法解释理解与适用：破产法解释（一）、破产法解释（二）》，人民法院出版社 2013 年版，第 87 页。

第 23 问：破产案件中，出资人股权能否被“保护性”查封？

虽然企业进入破产程序，但公司股权依旧是公司出资人的私有财产。关于能否对破产企业出资人的股权进行保护性查封，实践中有不同的观点：

有观点认为，根据《最高人民法院关于适用〈中华人民共和国企业破产法〉若干问题的规定（二）》第六条的规定，管理人或债务人申请保护性查封的范围，仅限于债务人的全部或部分财产。由于破产企业出资人股权不属于公司财产，因此可以对公司股权作保全的主体只能是公司股东债权人，受理破产申请的人民法院不能依职权或根据管理人的申请查封公司股权。

还有观点认为，当企业进入破产重整程序以后，若经审计查明企业已经严重资不抵债，出资人权益为负值的情况下，可以认定企业原股东的股权已经没有任何价值。而破产重整程序的本质目的也是保障广大债权人的合法权益，对破产企业进行拯救，防止其走向破产清算。此时即使出资人股权不属于债务人财产，但为了防止出资人在破产程序中意图擅自变更股权，锁定出资人的表决事项，且出资人权利实现与否亦关系投资人的选择以及重整计划能否顺利执行，因此，管理人和债务人可对出资人股权进行保护性查封。有裁判案例认为，对股权采取保全查封措施，属控制性措施，并非对该股权的处置①。

基于上述分析可知，破产重整程序中在债务人资不抵债的情形下，企业原股东的股权虽然不是破产企业的财产，但其所占股权只是公司财产价值的一种外在表现形式，企业原股东的股权权益也必须服从破产重整程序的整体利益，对出资人股权进行保护性查封，并不影响相关债权人权利的最终实现。例如，在 ZG 集团重整案中，北京市第一中级人民法院就根据管理人提交的“资产保全申请书”，作出裁定冻结出资人 QH 股权持有的公司 51% 股权及 KJ 公司持有的公司 49% 股权。

① 上海市高级人民法院：ZM 嘉业投资有限公司与黄某、谢某等执行复议案，案号（2019）沪执复 60 号。

第 24 问：破产企业出资人股权被查封应如何处理？

司法机关对破产企业出资人股权采取冻结等保全措施，是针对出资人个人债务而非破产企业债务，是通过限制股权变更登记、股权转让、股权出质、股息或红利分配等权利，避免财产的减损从而达到最终的债务清偿目的。针对这种情况的处理，实务中存在两种观点：

一、认为破产企业已经资不抵债，出资人实际股权收益已经为零或为负数，股权已没有价值，可在重整计划草案中将股权价值调整为零。各地实务操作中亦是采此观点。例如，《四川省高级人民法院关于审理破产案件若干问题的解答》中指出，当债务人企业资不抵债时，所有者权益为负，出资人的权益价值为零。再如，2020 年深圳市中级人民法院、深圳市市场监督管理局《关于企业注销有关问题的会商纪要》认为，人民法院经破产清算程序认定企业资不抵债并宣告破产的，可以认定企业股东持有的股权无处置价值。广西 JH 矿业股份有限公司重整案中，破产受理法院广西壮族自治区河池市中级人民法院认为，广西 JH 矿业股份有限公司已资不抵债，股权权益已归于零，其全部股份所负质押、查封、冻结及其他权利受限制情形解除。由上述分析可知，在此种情况下，保全已经失去意义，无须对保全的股权进行解封。

二、虽然股权价值认定为零，但因股权被保全出现企业破产清算完毕无法注销退市或重整计划执行期间无法变更股东等问题，仍需要对被保权的股权进行解封处理。针对此问题，实务中有多种处理方式：

1. 与保全申请人协商解除股权冻结。但此时保全申请人可能非破产企业债权人，无法从破产企业获得清偿而不予配合。

2. 由审理破产案件法院向采取保全措施的法院发送协助函件解除查封的股权。在出资人权益依法被调整为零的前提下，由采取保全措施的法院根据审理破产案件法院的书面通知，及时解除对出资人股权的查封。例如，中企 HX 南京股权投资基金中心（有限合伙）与马某其他案由一案，南京市中级人民法院作出的（2020）苏 01 执复 245 号执行裁定书显示，云南 LF 制药有限公司破产清算一案中，作出保全措施的南京市栖霞区人民法院，收到破产审理法院云南省昆明市中级人民法院关于解除对 LF 制药公司股权查封的函中表示：LF 制药公司已经进入破产重整程序，云南省昆明市中级人民法院批准的重整计划在对 LF 制药的出资人权益调整为零的基础上，对部分股权将进行后续调整。南京市栖霞区人民法院据此作出（2017）苏0113执432号执行裁定书，解除对被执行人马某持有的 LF 制药公司价值人民币 600 万元的股权冻结。此后，申请执行人中企 HX 南京股权投资基金中心（有限合伙）向南京市中级人民法院提出异议被裁定驳回。

3. 债务人或债务人的投资人等利害关系人向执行法院提出执行异议。企业破产状态下股权价值为零，保全的根本目的已无法实现，因该股权保全无法解除会损害破产企业利益，通过提出执行异议来启动后续程序。仍以上述（2020）苏 01 执复 245 号执行裁定书为例，债权人可以作为申请执行人对解除股权冻结的裁定提出执行异议，那么债务人或债务人的投资人等利害关系人也可以对法院查封冻结行为提出执行异议，为解除股权冻结探索一条新路径。实践中，笔者律师团队承办的邯郸市 YT 房地产开发有限公司破产重整案，即管理人代表债务人向法院提出执行异议，使被冻结的出资人股权得以解封，有力地促进了后续重整计划的顺利执行。

4. 当重整计划已经通过，如果通过上述方法均不能解除股权查封时，根据不同情况，实践中有两种观点：

第一，法院根据已通过的重整计划依职权强制裁定解除查封。《企业破产法》第九十二条第一款规定："经人民法院裁定批准的重整计划，对债务人和全体债权人均有约束力。"一般重整计划中会对出资人股权调整方案、调整后债务人有配合解除股权冻结的义务等作出规定，如果冻结股权的申请执行人本身是债务人的债权人，重整计划对其便具有约束力，在债权人不配合解除股权冻结时，法院应依职权根据重整计划裁定强制解除股权冻结措施。

第二，根据重整计划，对已作调整的股权进行拍卖，但应以申请执行人要求为前提，且实践中有的地方要求申请执行人须提前垫付评估拍卖等执行成本费用。例如，2019 年北京市高级人民法院出台《北京市法院执行局局长座谈会（第十次会议）纪要——关于强制执行中财产处置若干问题的意见》指出："'股权、股份价值评估难''股权、股份没有价值''股权、股份价值评估为负值’，不构成不推进处置工作的理由……股权、股份的评估价值为零或负值的，按照《最高人民法院关于人民法院民事执行中拍卖、变卖财产的规定》第九条的规定办理。申请执行人要求继续拍卖的，确定的拍卖保留价不得低于评估费用及强制执行费用的总额……”2020 年上海市第一中级人民法院发布《类案裁判方法丨涉有限责任公司股权执行案件的办理思路和执行要点》指出：“实践中部分目标公司除负债外已无其他可变现资产且严重负债经营，其股权价值经依法评估为负值。对于此类情形，法院应把握两大处置原则：一是处置程序启动时，原则上对评估价值为负值的股权不予处置，但申请执行人或刑事被害人要求处置并垫付相关费用的除外。二是确定股权处置后，不得作无益拍卖，处置参考价的确定须高于包括委托评估费、拍卖辅助费、执行费等在内的执行成本。”因此，已经被调整为零或负值的股权，仍然可以进行司法拍卖，确定的拍卖价格须高于委托评估费、拍卖辅助费、执行费用等执行成本，以保证司法执行的效益，避免司法资源的浪费。

5. 受理破产的法院直接出具协助通知书，协助破产企业向市场监管部门办理相关登记。例如，江苏省高级人民法院和江苏省市场监督管理局于 2021 年 11 月 16 日联合制定的《关于做好破产企业登记事项办理优化营商环境的实施意见》第五条规定：“……根据人民法院裁定批准的破产重整计划，需要办理破产重整企业股东登记事项变更，但因企业原股东持有的股权已被质押或被法院查封，管理人无法申请办理股东变更登记的，破产法院可以采取出具协助执行通知书的方式，通知市场监管部门协助解除查封、涤除质押，并办理股权变更登记。查封解除或者质押涤除后，破产法院应当及时将有关情况告知质押权人和原采取保全措施的法院。”2020 年深圳市中级人民法院与深圳市市场监管局《关于企业注销有关问题的会商纪要》指出，上述股权处于质押或者冻结状态的，人民法院应当出具协助注销企业登记通知书，市场监督管理局应当根据管理人的申请，以及人民法院出具的协助通知书办理注销企业登记手续。

第 25 问：进入破产程序后，有关债务人的诉讼和仲裁应当如何进行？

一、人民法院受理破产申请后，已经开始而尚未终结的有关债务人的民事诉讼或者仲裁

《企业破产法》第二十条规定："人民法院受理破产申请后，已经开始而尚未终结的有关债务人的民事诉讼或者仲裁应当中止；在管理人接管债务人的财产后，该诉讼或者仲裁继续进行。"因此，当管理人接管债务人财产后，由管理人代表债务人出庭参加诉讼。

《最高人民法院关于适用〈中华人民共和国企业破产法〉若干问题的规定（二）》第二十一条规定："破产申请受理前，债权人就债务人财产提起下列诉讼，破产申请受理时案件尚未审结的，人民法院应当中止审理：

"（一）主张次债务人代替债务人直接向其偿还债务的；

"（二）主张债务人的出资人、发起人和负有监督股东履行出资义务的董事、高级管理人员，或者协助抽逃出资的其他股东、董事、高级管理人员、实际控制人等直接向其承担出资不实或者抽逃出资责任的；

"（三）以债务人的股东与债务人法人人格严重混同为由，主张债务人的股东直接向其偿还债务人对其所负债务的；

"（四）其他就债务人财产提起的个别清偿诉讼。

"债务人破产宣告后，人民法院应当依照企业破产法第四十四条的规定判决驳回债权人的诉讼请求。但是，债权人一审中变更其诉讼请求为追收的相关财产归入债务人财产的除外。

"债务人破产宣告前，人民法院依据企业破产法第十二条或者第一百零八条的规定裁定驳回破产申请或者终结破产程序的，上述中止审理的案件应当依法恢复审理。"

《最高人民法院关于适用〈中华人民共和国企业破产法〉若干问题的规定

（二）》第二十二条规定："破产申请受理前，债权人就债务人财产向人民法院提起本规定第二十一条第一款所列诉讼，人民法院已经作出生效民事判决书或者调解书但尚未执行完毕的，破产申请受理后，相关执行行为应当依据企业破产法第十九条的规定中止，债权人应当依法向管理人申报相关债权。"

在受理破产案件之前，法院受理的债权人要求债务人清偿债务的给付之诉，破产申请受理后是否需要变更为确认之诉的问题，《全国法院民商事审判工作会议纪要》第一百一十条第一款规定，人民法院受理破产申请后，已经开始而尚未终结的有关债务人的民事诉讼，在管理人接管债务人财产和诉讼事务后继续进行。债权人已经对债务人提起的给付之诉，破产申请受理后，人民法院应当继续审理，但是在判定相关当事人实体权利义务时，应当注意与企业破产法及其司法解释的规定相协调。我国目前并未对此作出明确规定，实践中，各地人民法院的操作不一。

有的法院认为，《企业破产法》以及相关法律未明确规定，债权人不需要将给付之诉变更为确认之诉。例如，宁波海事法院（2012）甬海法台商初字第 137 号浙江 TML 重工发展有限公司与江阴 CL 国际贸易有限公司、浙江 JG 股份有限公司船舶买卖（建造、修理、改建和拆解）合同纠纷一审民事判决书：本院认为，从原告的诉讼请求上看，原告起诉的主要目的在于向两被告追回拖欠款项，本质上明显属于给付之诉而非确认之诉。本案两被告虽已进入破产清算程序，但在时间上要晚于原告向本院提起诉讼的时间，而我国《企业破产法》及相关司法解释均未规定债权人先前提起的给付之诉在债务人进入破产清算程序后应当变更为确认之诉，据此，对被告 CL 公司提出的上述答辩意见本院不予采纳。

有的法院认为，企业进入破产程序后，要求企业清偿债务事实上已经不可能，需要将给付之诉变更为确认之诉，确定其参加破产分配的权利。例如，山东省威海市文登区人民法院（2016）鲁 1003 民初 679 号宋某与某置业有限公司房屋买卖合同纠纷一审民事裁定书：人民法院受理破产申请后，债权人就存在争议的债权起诉债务人要求其承担清偿责任已事实上不可能，只能就确定的债权参与破产财产分配或重整、和解程序，故这种诉讼不属于给付之诉，同时，这种诉讼目的并非在于消灭异议的效果，而在于确认债权，直接确定其能否参加分配受偿，故非形成之诉，实为典型的确认之诉。《北京市高级人民法院企业破产案件审理规程》第五十八条[①]与《河北省高级人民法院破产案件审理规程（试行）》第一百三十条[②]也都对此作出规定。

二、在人民法院受理破产申请后，再提起的有关债务人的民事诉讼

《企业破产法》第二十一条规定："人民法院受理破产申请后，有关债务人的民事诉讼，只能向受理破产申请的人民法院提起。"

《最高人民法院关于适用〈中华人民共和国企业破产法〉若干问题的规定（二）》第二十三条第一款规定："破产申请受理后，债权人就债务人财产向人民法院提起本规定第二十一条第一款所列诉讼的，人民法院不予受理。"

---

① 《北京市高级人民法院企业破产案件审理规程》第五十八条规定："（尚未终结的给付之诉的处理问题）人民法院受理破产申请后，已经开始而尚未终结的请求债务人为给付的民事诉讼或者仲裁，受理法院或者仲裁庭应当将债务人已进入破产程序的事实告知该案的债权人，并直接作出是否确认当事人之间债权债务的裁判，而不应作出以给付为内容的裁判。"

② 《河北省高级人民法院破产案件审理规程（试行）》第一百三十条规定："人民法院受理破产申请时，已经开始而尚未终结的以债务人为被告的债权给付之诉，应当变更为债权确认之诉。人民法院受理破产申请后，债权人未申报债权而以债务人为被告提起债权确认之诉的，人民法院不予受理。"

第三章　管理人

第 26 问：什么是管理人？管理人在房地产企业破产案中扮演什么角色？

管理人是指破产案件受理后依法成立的，在法院的指导、监督下全面接管债务人企业并负责债务人财产的保管、清理、估价、处理和分配等事务的专门机构。[①]

根据《企业破产法》第二十四条第一款、第二款规定，管理人可以由有关部门、机构的人员组成的清算组或者依法设立的律师事务所、会计师事务所、破产清算事务所等社会中介机构担任。人民法院根据债务人的实际情况，可以在征询有关社会中介机构的意见后，指定该机构具备相关专业知识并取得执业资格的人员担任管理人。

在房地产企业破产案件中，涉及债权人数量多，债务金额较大，对民生问题与社会稳定有影响的，政府部门会介入其中。因此，房地产企业破产案件中的管理人会由破产企业专案组、工作组、清算组等组成，其中组成人员会有政府部门、专业中介机构等。此种构成模式能更好地发挥府院联动作用，充分发挥各部门职能，高效地解决破产重整中所遇到的阻碍，以保证破产重整的成功，使企业获得重生，债权人及早获得清偿。

《全国法院破产审判工作会议纪要》中规定，管理人是破产程序的主要推动者和破产事务的具体执行者，人民法院要指导编入管理人名册的中介机构采取适当方式吸收具有专业技术知识、企业经营能力的人员充实到管理人队伍中，促进管理人队伍内在结构更加合理，充分发挥和提升管理人在企业病因诊断、资源整合等方面的重要作用。除从本地名册选择管理人外，各地法院还可以探索从外省、市管理人名册中选任管理人，确保重大破产案件能够遴选出最佳管理人。两家以上具备资质的中介机构请求联合担任同一破产案件管理人的，人民法院经审查符合自愿协商、优势互补、权责一致要求且确

---

① 王欣新:《破产法》，中国人民大学出版社 2011 年版，第 62 页。

有必要的，可以准许。[1] 高级人民法院或者自行编制管理人名册的中级人民法院可以综合考虑管理人的专业水准、工作经验、执业操守、工作绩效、勤勉程度等因素，合理确定管理人等级，对管理人实行分级管理、定期考评。例如，河北省高级人民法院根据《企业破产法》《最高人民法院关于审理企业破产案件指定管理人的规定》等法律法规和司法解释规定，结合全省法院管理人工作实际，将管理人分为一级管理人和二级管理人。一级管理人可以参与第一类破产案件[2]和第二类破产案件[3]的破产管理工作，二级管理人可以参与第二类破产案件的破产管理工作。

管理人是破产重整进程的推进者。破产重整的成功，与管理人的工作息息相关，管理人的能力大小，直接决定破产企业是否能重整成功。在企业进入破产重整程序后，管理人会组织债权人进行债权申报、债权审核等工作，招募重整投资人，并与投资人进行商业洽谈，召开债权人会议，制订重整计划草案等一系列工作，发挥管理人专业优势，积极推进破产重整进程。

管理人是具体事务的执行者。根据《企业破产法》第二十五条规定，企业进入破产重整程序后，管理人会接管破产企业，接收破产企业的财务账簿、公章、营业执照等材料，调查破产企业财产，监督企业继续营业，代理企业进行诉讼等活动。因此，管理人要对破产企业的具体事务负责与执行。

管理人是各方利益的协调者。管理人不是某一利益主体的代表者，而是为多个利益主体履行职责。在房地产企业破产案件中，涉及的利益主体较多，买房多年却未入住的购房者、遭受企业拖欠工资的员工、为企业施工的建设单位、国家税务机关等多个利益主体。利益主体的多样性必然会导致在破产重整中利益分配时出现矛盾，因此，管理人应该站在中立的地位上，运用其专业知识以及自身能力，充分协调这些利益之间的冲突，最终让每个利益主体合法地获得公平清偿。

---

① 四川省成都市双流区人民法院作出的（2022）川 0116 破 5 号决定书，其中指定某豪（成都）律师事务所、某审亚太会计师事务所（特殊普通合伙）四川分所担任某流冠生园食品有限公司管理人。

② 根据全省法院破产案件审理情况，将破产案件分为两类，符合下列情形之一的为第一类破产案件：（一）人民法院受理时相关资料显示，债权人人数在 200 人以上或债权金额在 5 亿元以上的案件；（二）人民法院受理时相关资料显示，债务人财产在 5 亿元以上的案件；（三）破产重整案件；（四）关联企业实质合并破产的案件；（五）商业银行、农村信用社、证券公司、保险公司、公司制新型金融组织等金融机构破产案件；（六）在全国或全省范围内有重大影响的破产案件。

③ 上述第一类破产案件情形以外的，为第二类破产案件。

第 27 问：破产管理人的选任方式有哪些？

《企业破产法》第二十二条第一款规定："管理人由人民法院指定。"最高人民法院出台的《关于审理企业破产案件指定管理人的规定》根据破产案件的具体情况确定不同的选任方式。

一、直接指定。人民法院指定管理人是最直接的方式，人民法院对于本地的管理人的业绩、专业能力情况等较为了解，因此，人民法院指定管理人优先从本地的管理人名册中选择，异地指定为例外情况。在房地产破产案件中，直接指定管理人的方式是比较常见的。

二、随机选择。随机选择管理人也是常用方式，人民法院对破产案件中报名的管理人进行初审，在其符合破产管理人的基本条件后，采用轮候、抽签、摇号等随机方式确定管理人。这种随机选择的优点是程序公开、透明，充分保证选任方式的公平，防止政府和法院出现权力寻租问题。但是随机选择的方式也有其弊端，其忽略了破产企业的具体情况，可能会出现破产企业情况复杂，选任的管理人专业能力不足以担任，而专业能力较强的管理人却因为运气不好而被淘汰等情形。因此，随机选择的方式应该根据破产案件的实际情况选择适用。

三、竞争选择。竞争方式选任管理人是指由人民法院发布招募管理人公告，对报名的管理人进行遴选程序，最后择优确定管理人。有的地方确定竞争方式与随机方式结合选任管理人。例如，根据《河北省高级人民法院破产案件审理规程（试行）》第二十五条规定，人民法院指定管理人可以根据案情采取竞争方式或者摇号、抽签、轮候等随机方式。对于重大、复杂的案件，应优先采取竞争与随机相结合的方式指定管理人。采取摇号、抽签、轮候等方式确定管理人的，由司法技术辅助部门按破产审判庭要求的时间和条件办理。

四、接受债权人推荐。债权人可以向审理法院推荐管理人，债权人应该为主要债权人或多个债权人联合推荐。北京破产法庭出台首个专门规范债权人推荐管理人的破产案件审理工作办法，即《北京破产法庭接受债权人推荐指定管理人的工作办法（试行）》。2022 年 8 月 10 日，石家庄市中级人民法院发布关于接受中科某某股份有限公司主要债权人推荐管理人的公告，公告中明确推荐人须为中科某某股份有限公司的主要债权人（多个债权人可联合推荐）。审理法院接受债权人推荐是对管理人选任方式的创新，可以提高债权人对于选任管理人的发言权，鼓励债权人主动、积极地参与破产程序。

商业银行、证券公司、保险公司等金融机构破产案件或在全国有重大影响、法律关系复杂、债务人财产分散的破产案件采用法院邀请多个管理人进行竞争的方式确定管理人，对于上述金融机构破产案件也可由金融监督管理机构推荐。

管理人选任方式各有利弊，在实践中要根据破产企业具体情况考量，不能拘泥于一种方式，尤其在房地产破产案件中，法院与政府可以创新管理人选任方式或多种方式并举，选择出真正合适的管理人。例如，浙江省高级人民法院发布的《破产案件管理人指定工作规程》，创新管理人选任模式，法院根据破产企业情况，选择多家能够胜任的管理人参与竞争，择优选择部分管理人后，再通过随机选择的方式确认管理人。[①] 既能保证选任程序的公正，又能保证管理人的专业能力与破产案件相匹配。

① 具体可以参考《浙江省高级人民法院破产案件管理人指定工作规程》第十九条、第二十条、第二十二条。

第 28 问：破产管理人应当具备哪些资格？

《企业破产法》第二十四条对管理人资格进行了明确规定。从主体资格上看，可以担任管理人的主体可以是个人、有关部门或机构组成的清算组、中介机构。在实践中，由于破产案件工作量大、时间紧迫，尤其是房地产企业破产案件，具体情况更为复杂，因此，个人担任管理人的情况极少。有关部门或机构组成的清算组、中介机构担任管理人的情况较为常见。由中介机构担任管理人时，中介机构需要具备专业知识，一般是律师事务所、会计师事务所等机构，对具体的管理人成员也有限制，即取得执业资格。通过对管理人资格设置较高的门槛，可以保证管理人有相对较高的专业能力，从而保证破产案件顺利完成。

《企业破产法》第二十四条第三款对管理人消极资格进行了明确规定，尤其是第三项，与本案有利害关系的不得担任管理人，此项赋予法院较大的自由裁量权，由法院对具体情况进行分析，决定管理人资格。根据最高人民法院出台的《关于审理企业破产案件指定管理人的规定》，第二十三条①、第二十四条②对利害关系进行了详细的规定，包括与债务人有未了结的债权债务关系、亲属关系等。对利害关系的详细规定，可以保证管理人及管理人成员能在办理破产案件时，不受其他因素影响，时刻保持中立地位，勤勉尽责，从而保证破产案件顺利完结，充分保障诸多利益主体的合法权益。

---

① 《关于审理企业破产案件指定管理人的规定》第二十三条规定："社会中介机构、清算组成员有下列情形之一，可能影响其忠实履行管理人职责的，人民法院可以认定为企业破产法第二十四条第三款第三项规定的利害关系：（一）与债务人、债权人有未了结的债权债务关系；（二）在人民法院受理破产申请前三年内，曾为债务人提供相对固定的中介服务；（三）现在是或者在人民法院受理破产申请前三年内曾经是债务人、债权人的控股股东或者实际控制人；（四）现在担任或者在人民法院受理破产申请前三年内曾经担任债务人、债权人的财务顾问、法律顾问；（五）人民法院认为可能影响其忠实履行管理人职责的其他情形。"

② 《关于审理企业破产案件指定管理人的规定》第二十四条规定："清算组成员的派出人员、社会中介机构的派出人员、个人管理人有下列情形之一，可能影响其忠实履行管理人职责的，可以认定为企业破产法第二十四条第三款第三项规定的利害关系：（一）具有本规定第二十三条规定情形；（二）现在担任或者在人民法院受理破产申请前三年内曾经担任债务人、债权人的董事、监事、高级管理人员；（三）与债权人或者债务人的控股股东、董事、监事、高级管理人员存在夫妻、直系血亲、三代以内旁系血亲或者近姻亲关系；（四）人民法院认为可能影响其公正履行管理人职责的其他情形。"

第 29 问：破产管理人的职责有哪些？

管理人在房地产破产案件中，有以下权利：

一、接管权。破产企业进入重整程序后，会对企业的财产进行接管，接管企业的财务账簿、营业执照、企业印章等物品，严格把控以上材料的使用。

二、调查权。管理人对企业的财产依法进行调查，包括企业的土地、房屋、车辆、知识产权等财产，并向债权人进行披露。

三、管理权。接管破产企业后，管理人可以决定其具体管理事务，包括提请法院批准聘用企业留守人员、决定企业在第一次债权人会议召开前继续或停止营业及代表债务人参加诉讼、仲裁等法律程序。

四、追回权。对于破产企业的应收债权，管理人可以采用对破产企业的债务人进行发函、诉讼等方式，追回破产企业财产。例如破产企业存在《企业破产法》第三十一条、第三十二条、第三十三条中的行为，管理人应依法行使追回权，减少破产财产的流失。

五、接收与审核债权的权利。在企业进入破产程序后，债权人应当在法律规定的债权申报期限内依法申报债权，管理人依法接收债权人的申报，并对债权人的债权依法作出认定。

六、监督权。管理人的监督权可以分为在重整期间的监督权与在重整计划执行期间的监督权。重整期间在破产企业自行管理、经营的情况下，管理人有对其监督的权利，及时对破产企业的不当行为进行纠正。在重整计划执行期间，管理人也有监督企业重整计划执行情况的权利，债务人应该定期向管理人汇报重整计划执行情况，对于违反重整计划的行为，管理人应该及时制止。

管理人在房地产破产案件中，有以下义务：

一、勤勉尽责义务。《企业破产法》第二十七条规定：“管理人应当勤勉尽责，忠实执行职务。”管理人应该有自己的工作准则，充分发挥主观能动性，依法履行管理人职责，守住法律的底线。

二、通知义务。债权申报开始后，由法院发布债权申报公告，通知债权人进行债权申报。在房地产企业破产案件中，债权人数量较多，且很少会有人关注法院的公告，导致有的债权人不能在债权申报期间进行债权申报，从而丧失合法权益。管理人应该配合法院通知债权人，依据债务人提供的债权清册，通过邮寄债权申报公告、向债权人发送短信等方式，通知已知债权人，以保证债权人及时进行债权申报。

三、报告义务。《企业破产法》第六十九条规定："管理人实施下列行为，应当及时报告债权人委员会：

"（一）涉及土地、房屋等不动产权益的转让；

"（二）探矿权、采矿权、知识产权等财产权的转让；

"（三）全部库存或者营业的转让；

"（四）借款；

"（五）设定财产担保；

"（六）债权和有价证券的转让；

"（七）履行债务人和对方当事人均未履行完毕的合同；

"（八）放弃权利；

"（九）担保物的取回；

"（十）对债权人利益有重大影响的其他财产处分行为。

"未设立债权人委员会的，管理人实施前款规定的行为应当及时报告人民法院。"

第 30 问：房地产企业破产案件中，如何处理债务人是否继续营业？

关于破产企业的继续经营制度，《企业破产法》第二十五条第一款第五项[①]规定管理人的职责之一是"在第一次债权人会议召开之前，决定继续或者停止债务人的营业"，第二十六条[②]规定管理人履行上述职权须经过法院许可，第六十一条第一款[③]第五项规定了债权人会议有决定继续或者停止债务人营业的权利，第七十三条[④]和第七十四条[⑤]规定重整计划执行中继续经营的方式。

从整个制度来看，关于继续经营的事项，贯穿第一次债权人会议前、债权人会议、重整计划执行整个阶段。其中，对继续营业享有决定权的是两个主体：一个是管理人决定，但经法院许可；另一个是债权人会议。分界点在于第一次债权人会议。因此，实务中存在两种观点：观点一认为，第一次债权人会议召开前，管理人申请，经法院裁定批准债务人继续经营具有临时性，其效力仅适用于第一次债权人会议召开前，最终决定权在于债权人会议，需要

---

① 《企业破产法》第二十五条第一款规定："管理人履行下列职责：（一）接管债务人的财产、印章和账簿、文书等资料；（二）调查债务人财产状况，制作财产状况报告；（三）决定债务人的内部管理事务；（四）决定债务人的日常开支和其他必要开支；（五）在第一次债权人会议召开之前，决定继续或者停止债务人的营业；（六）管理和处分债务人的财产；（七）代表债务人参加诉讼、仲裁或者其他法律程序；（八）提议召开债权人会议；（九）人民法院认为管理人应当履行的其他职责。"

② 《企业破产法》第二十六条规定："在第一次债权人会议召开之前，管理人决定继续或者停止债务人的营业或者有本法第六十九条规定行为之一的，应当经人民法院许可。"

③ 《企业破产法》第六十一条第一款规定："债权人会议行使下列职权：（一）核查债权；（二）申请人民法院更换管理人，审查管理人的费用和报酬；（三）监督管理人；（四）选任和更换债权人委员会成员；（五）决定继续或者停止债务人的营业；（六）通过重整计划；（七）通过和解协议；（八）通过债务人财产的管理方案；（九）通过破产财产的变价方案；（十）通过破产财产的分配方案；（十一）人民法院认为应当由债权人会议行使的其他职权。"

④ 《企业破产法》第七十三条规定："在重整期间，经债务人申请，人民法院批准，债务人可以在管理人的监督下自行管理财产和营业事务。有前款规定情形的，依照本法规定已接管债务人财产和营业事务的管理人应当向债务人移交财产和营业事务，本法规定的管理人的职权由债务人行使。"

⑤ 《企业破产法》第七十四条规定："管理人负责管理财产和营业事务的，可以聘任债务人的经营管理人员负责营业事务。"

提请第一次债权人会议表决通过才具有正式性、持续性；观点二认为，由于破产程序是在法院主导下进行，第一次债权人会议前法院裁定批准继续经营的效力，应适用于破产程序的整个阶段，因此第一次债权人会议时无须再对此进行表决。

当然，在决定继续经营前，除了要制定合理的继续经营方案，还要考虑以下几方面因素，来判断是否有继续经营的可能：第一，企业目前的经营状况、财产价值，是否足以支撑其继续经营；第二，债权人对债务人继续经营的支持程度以及债务人和股东对继续经营的意愿，人民法院在审查批准时应考虑各方的诉求，否则可能出现阻挠经营、状况恶化、激化矛盾等情况；第三，从破产房地产企业的信用能力、业界口碑、经营资质、行业地位等方面入手，判断企业是否具备继续经营的行业基础。

关于经营方式、经营主体这一问题，根据《企业破产法》第七十三条、第七十四条的规定，有两种方式：第一种，在重整期间，经债务人申请，人民法院批准，债务人可以在管理人的监督下自行管理财产和营业事务；第二种，管理人负责管理财产和营业事务，此时管理人可以聘任债务人的经营管理人员负责营业事务。除了破产房地产企业原有经营管理人员，管理人还可以考虑通过引入第三方来解决管理、技术等方面的难题。

第 31 问：房地产企业破产案件中，如何解决复工复建资金不足问题？

房地产企业进入破产重整程序后，往往已经处于信用失信状态，大部分银行已拒绝向其提供贷款。2021 年 1 月 1 日实施的《最高人民法院关于适用〈中华人民共和国企业破产法〉若干问题的规定（三）》第二条第一款规定：破产申请受理后，经债权人会议决议通过，或者第一次债权人会议召开前经人民法院许可，管理人或者自行管理的债务人可以为债务人继续营业而借款，可参照企业破产法第四十二条第四项的规定优先于普通债权清偿的，人民法院应予支持。此外，2021 年国家发展和改革委员会等十三部委联合发布的《关于推动和保障管理人在破产程序中依法履职进一步优化营商环境的意见》中，要求银行业金融机构应当加强对破产企业提供信贷支持。这为房地产企业重整中获得资金支持提供了新的融资路径。近几年，这种融资方式在各地的应用数量呈逐渐上升趋势，并逐渐成为房地产企业复工续建资金来源的主要途径。

关于“共益债融资”的方式，理论和实践中主要认为有政府垫资、“银行［或 AMC（Assct Management Companies，资产管理公司）等］+ 续建”破产融资贷款[①]战略投资人借款、第三方平台的权益性产品[②]、建筑商垫资续建等类型。从全国来看，目前“共益债融资”的主体多为城投公司、资产管理公司等非银行类企业，银行介入“共益债融资”较少的原因在于银行的审慎态度、银行业监管的严格以及我国尚无向银行进行共益债借款的详细法规。浙江省苍南县的“某某一品苑”房地产预重整项目采用的就是“共益债资金 + 续建”

① 辛继召：《破产融资新模式诞生，广东顺德以“共益债”由银行向破产企业发放贷款》，载 21 经济网，http://www.21jingji.com/article/20220125/herald/f37ed1d76704b848c3315af57922e489.html，访问日期 2022 年 10 月 5 日。

② 范利亚、王泽钧：《论服务类财产权信托中信托监察人制度的构造——以企业集团“出售式重整”为视角》，载北大法律信息网，https://article.chinalawinfo.com/ArticleFullText.aspx?ArticleId=121291，访问日期 2022 年 2 月 28 日。

的预重整模式，由光大某某资产管理有限公司出借共益债资金 3 亿元，由某城负责楼盘的代建代销，实现了保交楼的重整目标。

“共益债融资”应注意：鉴于共益债务的优先属性，有学者认为不应过分扩张其适用范围①，否则反而不利于税款债权、消费性购房债权、建设工程债权、有特定财产担保债权等优先债权的清偿。根据《最高人民法院关于适用〈中华人民共和国企业破产法〉若干问题的规定（三）》第二条第一款规定“……提供借款的债权人主张参照企业破产法第四十二条第四项的规定优先于普通破产债权清偿的，人民法院应予支持，但其主张优先于此前已就债务人特定财产享有担保的债权清偿的，人民法院不予支持”。“共益债融资”形成的债权优先于普通债权清偿，其清偿顺位在对特定财产享有担保的债权之后。

① 丁燕：《共益债务融资的实践进路与法律保障》，载《月旦财经法杂志》2020 年 6 月第 45 期，第 36—57 页。

第 32 问：实践中，如何增强投资人的投资意愿和信心？

虽然《最高人民法院关于适用〈中华人民共和国企业破产法〉若干问题的规定（三）》明确了为债务人继续经营借款属于共益债务性质，但有房地产企业进入破产程序后复工续建资金投入较大，加之项目多已烂尾多年最终能否重整成功不可知，是否按共益债务清偿、能否获得收益也未可知，从而影响了投资人的投资意愿和信心。因此，可以从以下几方面入手。

一、通过一定程序将投资款的共益债务地位加以确定：第一种方式是在第一次债权人会议上就此事项进行表决，经债权人会议表决通过后形成决议；第二种方式是经管理人申请，法院以裁定或复函等法律文件的形式将该笔投资款确定为共益债务清偿。目前，法院复函形式在实践中应用很多。笔者律师团队承办的河北 WJ 房地产开发有限公司破产重整一案，即是由法院出具复函确认为续建而进行的借款为共益债务。

二、利息收入作为投资人的重要来源，也作为共益债务清偿能提升投资人的积极性，有利于融资成功，实现复工续建。需注意的是，为继续经营融资势必产生利息，这与《企业破产法》第四十六条第二款规定的“附利息的债权自破产申请受理时起停止计息”并不冲突。这是因为，停止计息的债权发生时间为破产申请受理前，共益债所产生的利息发生于受理后，其目的是通过共益债投资提升全体债权人的清偿率。

三、加强政府支持力度，探索建立“银行或 AMC 等非银行投资机构 + 地方政府平台公司 + 共益债融资”的新模式，充分发挥府院联动机制优势，由地方政府平台公司适当出资参与重整，在政府的扶持下为上述投资人积极参与“共益债融资”提供信心，拓宽复工续建费用的融资渠道。

第 33 问：破产管理人聘用必要的工作人员的费用问题如何处理？

《企业破产法》第二十八条规定“管理人经人民法院许可，可以聘用必要的工作人员”。那么，“必要的工作人员”包括哪些人员呢？实践中一般包括两类人员：

一、直接参与管理人一般性事务工作的人员，包括管理人团队自有人员、财务人员、债务人留守人员、安保人员等，这些人在管理人直接领导下完成相关工作。

二、聘请的律师事务所、会计师事务所、评估公司、造价公司等专业第三方机构，负责经过资产调查后对债务人财产出具专业性报告，辅助管理人完成破产案件相关工作。

关于这部分应如何处理认定，根据《企业破产法》第四十一条[①]第三项的规定，管理人聘用工作人员的费用是破产费用的一部分。也就是说，这部分费用可以在破产案件处理过程中随时清偿。实务中，由于第三方专业机构费用往往较高从而受到债务人质疑，其实只要管理人在聘用时保证程序透明、公开、符合市场价格，就能体现其合理性，应当予以支付而非管理人履职失误。

但是，有一点需注意，根据《最高人民法院关于审理企业破产案件确定管理人报酬的规定》第十四条规定，律师事务所、会计师事务所通过聘请本专业的其他社会中介机构或者人员协助履行管理人职责的，所需费用从其报酬中支付；破产清算事务所通过聘请其他社会中介机构或者人员协助履行管理人职责的，所需费用从其报酬中支付。

---

① 《企业破产法》第四十一条规定：“人民法院受理破产申请后发生的下列费用，为破产费用：（一）破产案件的诉讼费用；（二）管理、变价和分配债务人财产的费用；（三）管理人执行职务的费用、报酬和聘用工作人员的费用。”

第 34 问：破产管理人与其聘用的工作人员之间是否构成劳动关系？

在我国，构成劳动关系的前提是具有用工主体资格。《中华人民共和国劳动法》第二条、《中华人民共和国劳动合同法》第二条和《中华人民共和国劳动合同法实施条例》第三条用列举的方式，规定以下种类的组织机构具有用工主体资格，分别是：中华人民共和国境内的企业、个体经济组织、民办非企业单位（如民办学校、民办医院）、国家机关、事业单位、社会团体（如各种行业协会）、依法成立的会计师事务所、律师事务所等合伙组织和基金会。也就是说，只有上述组织机构才具有用工主体资格。

根据《最高人民法院关于审理企业破产案件指定管理人的规定》第二条第一款的规定："高级人民法院应当根据本辖区律师事务所、会计师事务所、破产清算事务所等社会中介机构及专职从业人员数量和企业破产案件数量，确定由本院或者所辖中级人民法院编制管理人名册。"如此看来，管理人名册中的机构一般应当是具有用工主体资格的，与其聘用的工作人员应当成立劳动关系。但实际情况并非如此。实践中，大量破产管理人的组成具有混合性、临时性的特征，尤其在房地产破产案件中，因关乎民生，破产管理人往往由党委、政府领导以及中介机构专业人员共同组成。管理人只是临时性组织，未经注册，没有组织机构代码，也不存在税号，并不在法律规定的用工组织机构范围内。因此，管理人与其聘用的工作人员不存在劳动关系，只是一种临时性的劳务关系。

第 35 问：管理人能否自行选聘中介机构对专业问题进行评估、审计？

管理人在管理债务人财产，处理破产案件过程中，需要处理方方面面的问题。但术业有专攻，为保障破产程序顺利进行，适时对债务人财产进行鉴定、审计、评估为必要之举。《全国法院破产审判工作会议纪要》也规定：管理人在向人民法院提出宣告破产申请前，应当进行必要的审计和资产评估。破产清算中财务审计、资产评价的中介机构由管理人聘请，并由管理人对其聘请机构或人员的相关行为进行监督，人民法院也应当依法规范和监督管理人委托审计、评估等财产管理工作。根据《全国法院民商事审判工作会议纪要》第一百一十六条规定，破产程序中确实需要聘请中介机构对债务人财产进行审计、评估的，根据《企业破产法》第二十八条的规定，经人民法院许可后，管理人可以自行公开聘请，但是应当对其聘请的中介机构的相关行为进行监督。关于管理人聘用其他人员费用负担问题，根据《全国法院破产审判工作会议纪要》第十一条规定："……如所需费用需要列入破产费用的，应当经债权人会议同意。"

由上述法律规定可知，原则上由管理人选聘第三方中介机构，但现行法律并没有规定具体的选聘程序，一般由管理人发布公告公开选聘。选聘后的委托主体，应为破产企业的管理人而非人民法院。人民法院可对委托工作依法进行监督，但不能代替管理人开展工作。

第36问：破产管理人报酬如何确定？

管理人报酬是指管理人依据法律规定通过执行职务而应当从破产财产中取得的报酬。我国《企业破产法》《最高人民法院关于审理企业破产案件确定管理人报酬的规定》等，对破产管理人报酬进行了详细的规定。

一、管理人报酬决定主体。《企业破产法》第二十八条第二款规定："管理人的报酬由人民法院确定。债权人会议对管理人的报酬有异议的，有权向人民法院提出。"

二、管理人报酬计算方式。《最高人民法院关于审理企业破产案件确定管理人报酬的规定》第二条第一款、第二款规定："人民法院应根据债务人最终清偿的财产价值总额，在以下比例限制范围内分段确定管理人报酬：

"（一）不超过一百万元（含本数，下同）的，在12%以下确定；

"（二）超过一百万元至五百万元的部分，在10%以下确定；

"（三）超过五百万元至一千万元的部分，在8%以下确定；

"（四）超过一千万元至五千万元的部分，在6%以下确定；

"（五）超过五千万元至一亿元的部分，在3%以下确定；

"（六）超过一亿元至五亿元的部分，在1%以下确定；

"（七）超过五亿元的部分，在0.5%以下确定。

"担保权人优先受偿的担保物价值，不计入前款规定的财产价值总额。"

最高人民法院认为有必要的，可以参照上述比例在30%的浮动范围内制定符合当地实际情况的管理人报酬比例限制范围，并通过当地有影响的媒体公告，同时报最高人民法院备案。

管理人报酬根据债务人最终清偿的财产价值总额，但要除去担保人优先受偿的担保物价值，采用差额累进的计算方式。

三、管理人报酬支付方式。根据《最高人民法院关于审理企业破产案件确定管理人报酬的规定》第三条及《全国法院破产审判工作会议纪要》第十条规定，管理人报酬可以根据案件具体情况，采用分段支付或破产程序终结后一次性支付。

我国虽然对管理人报酬制度规定较多，但是在实践中依然存在诸多问题。

一、管理人报酬范围下无限制，对于无产可破的企业，管理人报酬无法保证，导致管理人对破产积极性不高，无法保证管理人勤勉尽责。

二、根据《最高人民法院关于审理企业破产案件确定管理人报酬的规定》第十三条，管理人对担保物的维护、变现、交付等管理工作付出的劳动，有权向担保权人收取适当的报酬。收取报酬数额先协商确定，协商不成的参考《最高人民法院关于审理企业破产案件确定管理人报酬的规定》第二条，但报酬比例不得超过该条规定限制范围的10%。此条规定虽然可以对担保财产过多导致无产可破的企业管理人，适当保障管理人报酬，但是此规定的计算基数仍然没有确定。在实践中，管理人应当先与担保权人进行协商，争取达成一致意见，不能协商一致的由人民法院确定。

第 37 问：房地产企业破产案件中管理人如何有效防范履职风险？

管理人在履职过程中可能存在以下风险：

一、接管债务人财产可能存在的风险。管理人接受法院指定后，全面接管债务人的财产，接管债务人财产不仅仅是管理人的法定职责，也是今后破产工作的基础。但是，由于管理人对债务人财产了解不全面，不能做到债务人财产全面接收，可能会导致债务人财产遗漏或者流失。对于接管的财产未能及时采取有效的保管措施，可能会导致财产发生盗窃、火灾等。管理人也可能出现处置债务人财产不当，造成债务人财产损失，从而被债权人追责等问题。

二、印章、档案管理的风险。管理人会接管债务人的印章，同时也会有管理人印章，管理人在保管过程中，可能会出现印章遗失以及印章滥用的情况。同时，管理人保管债权人的债权申报材料以及债务人的档案，可能由于管理不善导致材料遗失、损毁等，这些问题都会导致债权人对管理人工作能力的质疑。

管理人可以从以下方面提升自身应对风险能力，从而有效地化解风险。

一、建立完善的规章制度。管理人接受法院指定后，应该合理调配人员，保证内部成员结构合理，人员素质优良，根据现有人员配置，建立严格的规章制度，如财务制度、印章管理制度等，并向法院报备。安排专人进行档案整理和保管，充分发挥聘用的企业留守人员作用，将责任落实到个人，建立有效的惩罚机制。对于财务、印章管理等关键岗位和部门，要配有相应专业知识的人，实现工作流程标准、明确。

二、设置多个专门小组履职。管理人可以根据内部人员的具体情况，分出不同小组，负责具体事务。例如：档案管理组，负责档案材料的整理与归档，债权材料的扫描与归档。债权组，负责债权的审核工作。

三、建立管理人执业责任保险制度。管理人在工作中，造成债权人、债务人或者其他利益关系人财产损失，会因此承担赔偿责任。所以，建立和推广破产管理人执业责任保险可以有效地分担风险，减少管理人的损失。河北省企业破产管理人协会在 2018 年首次与中国人保财险河北省分公司签署战略合作协议，并签出全国首单破产管理人执业责任保险省级统保保单，为管理人执业分担风险。

第 38 问：管理人如何与债权人、政府、法院沟通协调？

在房地产破产案件中，房产企业基本会存在资金链断裂情况，导致在建工程烂尾，购房者不能如期入住，施工方不能及时获取工程款，各种债权人之间利益交错。因此，管理人要经常与债权人进行沟通。管理人可以定期与各类债权人代表见面，了解各类债权人的利益诉求，平稳债权人的情绪，同时用专业的法律知识打消债权人的顾虑，对于之后管理人制订重整计划草案、召开债权人会议具有重要作用。

管理人与政府之间，更多的是需要政府对管理人工作的支持，充分发挥政府职能。政府通过对相关部门的协调，在破产企业的税费减免、信用恢复、优惠政策等方面给予支持，对于盘活房地产企业有重要的作用。同时，管理人也需要定期向政府汇报工作进展，以自己专业的知识提出破产案件解决思路。

管理人需要定期向法院汇报破产案件进程，有些事项需要及时向法院报备或请求许可。例如，制定债权审核标准、聘用企业留守人员等。对于有些事项，管理人可以提前与法院进行沟通，例如，对于债权审核方面等有争议的问题，可以共同开会研讨确定统一思路，尽量避免或减少破产债权确认诉讼，引导管理人依法有序地开展工作。

第四章　债务人财产

第 39 问：房地产企业破产案件中，债务人财产如何界定？

债务人财产界定是企业破产法的核心问题，不仅是维护债权人债权公平受偿的物质基础，也是对破产企业进行重整、清算、和解的物质保证。债务人财产指的是法院受理破产申请时存在的财产，包括破产企业的固定资产、流动资产，还包括其他财产权益，如可依法转让的债权、股权、知识产权、用益物权等，以及破产申请受理后至破产程序终结前债务人取得的全部财产。房地产企业在进入破产程序后，根据房地产企业的特殊性，并结合相关法律规定以及司法实践，总结出房地产企业的破产财产还包括：

一、房地产企业破产前依法取得所有权的财产或土地使用权，包括未支付或者未完全支付对价的。

二、房地产企业提供担保的抵押物、质押物、留置物，包括已经设定抵押的土地使用权、正在开发的商品房等财产。

三、购房者交付了部分或全部房款，但尚未办理产权登记的商品房、土地使用权。

四、根据房地产企业与他人签订的合作或合资协议，应当分得的土地使用权、房屋产权份额等财产。

五、房地产企业所有的在法院受理破产案件时尚在执行中的财产或已经被人民法院执行但尚未分配的财产。

六、根据《企业破产法》相关规定，管理人行使撤销权、追回权取得的属于房地产企业的财产。

七、其他应当属于房地产企业的财产。

在房地产企业破产案件中存在“未审批先建”的房产，针对此房产是否属于破产财产存在争议。有的观点认为，“未审批先建”的房产存在违法性，如果纳入破产财产中，可能会导致违法财产合法化。

还有的观点认为“未审批先建”的房产本身存在财产价值[①]和使用价值，且由破产企业实际占有，纳入破产财产中统一处置有利于债务人财产最大化，增加偿债比例。参照最高人民法院关于转发住房和城乡建设部《关于无证房产依据协助执行文书办理产权登记有关问题的函》的通知，房地产企业破产案件中涉及的违法建筑可以通过补办相关审批手续，使其合法化。因此，将其纳入破产财产中能够实现债权人利益的最大化。

① 参照最高人民法院（2016）最高法执监 161 号 ZJHX 建设发展有限公司与福建 JL 地产有限公司建设工程施工合同纠纷执行裁定书的裁判观点：违法建筑被相关部门行使公权力拆除或自行拆除前，违法建筑仍具有一定的使用价值。被执行人 JL 公司对世界 JL 大厦第 32 层、第 33 层建筑虽不享有所有权，但其长期占有、使用并以租赁等方式取得收益，上述建筑应视为被执行人 JL 公司的具有使用价值的可供执行财产。

第 40 问：破产案件中，管理人如何行使撤销权及追回权利？

当企业进入破产程序时，为避免债务人财产被不当转移或者处置，从而影响债权人的整体利益及各债权人之间的公平受偿，根据《企业破产法》第三十一条[①]、第三十二条[②]规定，债务人在特定时期内对个别债权人的债务清偿行为，管理人有权通过行使撤销权，对本应属于债务人的财产进行依法追回，避免债务人财产被非法转移、处分或侵占，即破产管理人的追回权。《最高人民法院关于适用〈中华人民共和国企业破产法〉若干问题的规定（二）》第九条规定，则进一步明确了管理人是行使破产撤销权的主体。

《企业破产法》赋予管理人撤销权，管理人有权且有义务就债务人破产受理前一年内的所有交易行为进行审查，并对损害整体债权人利益的不正当交易行为具有撤销的权利。管理人须以诉讼的方式行使撤销权，其产生的法律后果是使债务人实施的上述涉及债权人的行为归于无效。债务人未给付的，不再给付；相对人已取得利益或财产的，由管理人依法取回，并入破产财产。同时《企业破产法》还规定了管理人未勤勉尽责，忠实执行职务，给债权人、债务人或者第三人造成损失的，应依法承担民事责任。

---

① 《企业破产法》第三十一条规定："人民法院受理破产申请前一年内，涉及债务人财产的下列行为，管理人有权请求人民法院予以撤销：（一）无偿转让财产的；（二）以明显不合理的价格进行交易的；（三）对没有财产担保的债务提供财产担保的；（四）对未到期的债务提前清偿的；（五）放弃债权的。"

② 《企业破产法》第三十二条规定："人民法院受理破产申请前六个月内，债务人有本法第二条第一款规定的情形，仍对个别债权人进行清偿的，管理人有权请求人民法院予以撤销。但是，个别清偿使债务人财产受益的除外。"

第 41 问：破产企业股东未履行出资义务或抽逃出资的，管理人如何处理？

当企业进入破产程序后，管理人有权代表公司向未履行出资义务或抽逃出资的股东进行追缴，并将出资归入破产财产中，以增加破产财产，清偿全体债权人的债权。《企业破产法》第三十五条规定："人民法院受理破产申请后，债务人的出资人尚未完全履行出资义务的，管理人应当要求该出资人缴纳所认缴的出资，而不受出资期限的限制。"《最高人民法院关于适用〈中华人民共和国企业破产法〉若干问题的规定（二）》第二十条规定："管理人代表债务人提起诉讼，主张出资人向债务人依法缴付未履行的出资或者返还抽逃的出资本息，出资人以认缴出资尚未届至公司章程规定的缴纳期限或者违反出资义务已经超过诉讼时效为由抗辩的，人民法院不予支持。管理人依据公司法的相关规定代表债务人提起诉讼，主张公司的发起人和负有监督股东履行出资义务的董事、高级管理人员，或者协助抽逃出资的其他股东、董事、高级管理人员、实际控制人等，对股东违反出资义务或者抽逃出资承担相应责任，并将财产归入债务人财产的，人民法院应予支持。"也就是说，企业进入破产程序后，股东的出资期限不再是其对抗出资请求的抗辩理由，并以出资额为限对债务人债务承担相应的法律责任，同时相关责任人也需承担责任。

管理人对股东抽逃的出资进行追缴时，需要关注股东是通过什么方式抽逃出资的，例如通过虚构债权债务的方式抽逃出资，还是通过虚增利润或关联交易的方式抽逃出资等。若发现存在抽逃出资的情形，则应当依法启动追收程序。在司法实践中，管理人一般会先行以书面形式通知股东限期缴纳出资或返还出资本息，逾期未履行出资义务的，管理人有权代表债务人向法院提起诉讼。值得注意的是，在管理人以书面形式通知股东时，应给予股东适当的异议期限，如股东认为已缴纳或返还出资的，应在一定期限内向管理人书面说明并提供相关证据，管理人应充分核实证据，依法履职审慎认定股东出资的真实情况后，再决定是否启动诉讼程序追缴出资。

第 42 问：破产房地产企业股东未实缴的出资能否与其对破产企业享有的债权相抵销？

《最高人民法院关于适用〈中华人民共和国企业破产法〉若干问题的规定（二）》第四十六条规定："债务人的股东主张以下列债务与债务人对其负有的债务抵销，债务人管理人提出异议的，人民法院应予支持：

"（一）债务人股东因欠缴债务人的出资或者抽逃出资对债务人所负的债务；

"（二）债务人股东滥用股东权利或者关联关系损害公司利益对债务人所负的债务。"

因此，债务人的股东未履行出资义务或者抽逃出资产生的对债务人所负的债务不能抵销债务人对其负有的债务。

第 43 问：如何界定与处理破产企业的董事、监事和高级管理人员的非正常收入？

《企业破产法》第三十六条规定："债务人的董事、监事和高级管理人员利用职权从企业获取的非正常收入和侵占的企业财产，管理人应当追回。"《最高人民法院关于适用〈中华人民共和国企业破产法〉若干问题的规定（二）》第二十四条规定："债务人有企业破产法第二条第一款规定的情形时，债务人的董事、监事和高级管理人员利用职权获取的以下收入，人民法院应当认定为企业破产法第三十六条规定的非正常收入：（一）绩效奖金；（二）普遍拖欠职工工资情况下获取的工资性收入；（三）其他非正常收入。债务人的董事、监事和高级管理人员拒不向管理人返还上述债务人财产，管理人主张上述人员予以返还的，人民法院应予支持。债务人的董事、监事和高级管理人员因返还第一款第（一）项、第（三）项非正常收入形成的债权，可以作为普通破产债权清偿。因返还第一款第（二）项非正常收入形成的债权，依据企业破产法第一百一十三条第三款的规定，按照该企业职工平均工资计算的部分作为拖欠职工工资清偿；高出该企业职工平均工资计算的部分，可以作为普通破产债权清偿。"

如破产企业的董事、监事和高级管理人员存在利用或者变相利用其职务便利，侵占公司财物、获取非正常收入的情形，管理人可以根据上述条文对该部分"破产财产"予以追收。管理人在处理公司高管欠薪、社保缴纳、补偿金赔付等问题时，可将公司董事、监事和高级管理人员认定为劳动者予以妥善安置，对于上述人员提出的过高薪资、绩效等要求，管理人亦能按照上述法律条文研判，对其不合理的主张予以否决。另外，管理人在界定公司高级管理人员身份、核定工资标准以及判定高级管理人员非正常收入和侵害公司财产等时，应做到严谨细致，勤勉尽职，避免侵害破产企业或高级管理人员的利益。

第 44 问：如何行使破产取回权？

取回权是指人民法院受理破产申请之后，对于不属于破产企业的财产，该财产权利人有从破产管理人处取回的权利。根据取回权的特征可以将其分为一般取回权和特殊取回权。

一、《企业破产法》第三十八条规定：“人民法院受理破产申请后，债务人占有的不属于债务人的财产，该财产的权利人可以通过管理人取回。但是，本法另有规定的除外。”此条规定的是一般取回权，是案涉财产由债务人占有的情况下财产权利人所行使的取回权。一般取回权主要有以下四个特征：其一为主体特定，破产取回权的权利主体只能是标的物的权利人。不是标的物的权利人当然不能享有破产取回权。并且标的物不属于债务人所有，如果标的物属于债务人所有，那么就属于债务人的破产财产。不是标的物的权利人，取回权也就无从谈起。其二为相对人特定，根据《企业破产法》第二十五条的规定，进入破产程序后管理人有“管理和处分债务人的财产”的职责。因此行使取回权的相对人是破产管理人，而不是债务人。其三为涉及财产特定，权利人请求返还的财产应当是特定的，而且也应当存在。如果请求返还的财产已经灭失，则取回权基础消灭，请求权转变为债权，相关权利人应当向管理人依法申报债权。其四为标的物的状态特定，破产取回权的标的物处于债务人不享有所有权，但占有或者支配的状态。

因此，一般破产取回权的行使应当在标的物存在并且处于债务人占有或者支配的情况下，其权利人向破产管理人主张行使权利。

二、《企业破产法》第三十九条规定：“人民法院受理破产申请时，出卖人已将买卖标的物向作为买受人的债务人发运，债务人尚未收到且未付清全部价款的，出卖人可以取回在运途中的标的物。但是，管理人可以支付全部价款，请求出卖人交付标的物。”此条规定的是特殊取回权，又叫作“出卖人取回权”。这是案涉财产处于运输状态下，权利人行使的取回权。特殊取回权有以下三个特征：其一为标的物状态特殊，出卖人取回权中涉及的标的物处于运输状态，即出卖人已经将买卖标的物向作为买受人的债务人发运，并且债务人尚未收到。其二为特殊破产取回权中，债务人尚未付清全部价款。债务人没有收到买卖标的物且未付清全部价款，债务人则没有取得标的物的所有权。这是特殊破产取回权的基础与前提。另外，需要注意的是，实践中若管理人支付全部价款的话，可以要求出卖人交付相应的标的物。其三为时间节点特殊，出卖人取回权发生在人民法院受理破产申请时。即标的物处于运输状态，并且债务人没有付清全部价款时，人民法院受理破产申请，此时出卖人的取回权才成立。

因此，特殊破产取回权的行使应当适用于以运输方式为主的买卖中，且运输中债务人没有付清全部价款时，人民法院受理破产申请后，出卖人可以向破产管理人主张行使。

第45问：破产撤销权的范围是什么？

破产撤销权是指在债务人被破产宣告之前的特定时间之内，实施的有害于全体债权人利益的行为。破产撤销权由管理人，通过向受理破产案件的人民法院提起诉讼的方式行使。

根据《企业破产法》第三十一条、第三十二条并结合《最高人民法院关于适用〈中华人民共和国企业破产法〉若干问题的规定（二）》第九条至第十六条的规定，破产撤销权的范围主要包括以下几个方面。

一、人民法院受理破产申请前一年内的情形

无偿转让财产。《企业破产法》第三十一条第一项并未对无偿转让财产的行使作出限制。所以，无论债务人主观上是否为善意、相对人是否为善意，财产也不论有形无形均适用该项条款。

以明显不合理的低价进行交易。该情形主要是指债务人明显违背经济常识，贱卖财产[①]。对于“明显不合理的低价”的判定，可以参考《全国法院贯彻实施民法典工作会议纪要》第九条的规定，人民法院应当以交易当地一般经营者的判断，并参考交易当时交易地的物价部门指导价或者市场交易价，结合其他相关因素综合考虑予以认定。转让价格达不到交易时交易地的指导价或者市场交易价百分之七十的，一般可以视为明显不合理的低价。

对没有财产担保的债务提供财产担保。该情形对于其他债权人来讲，意味着破产财产的减少，即损害其他债权人的利益，违背《企业破产法》的公平受偿原则。

对未到期的债务提前清偿。未到期是指在人民法院受理破产申请之日起仍然未到期的债权。如果债务人清偿的债务在破产案件受理前已经到期，管理人请求撤销的，人民法院不予支持。

---

① 孙创前：《破产管理人实务操作》，法律出版社2018年版，第242页。

放弃债权。放弃债权包括明示放弃、默示放弃，主动放弃、被动放弃等情况。关于放弃债权的判定可以以结果为导向。可以收回的债权，债务人没有尽力收回，则管理人可以请求人民法院予以撤销。

二、人民法院受理破产申请前六个月内的情形

《企业破产法》第三十二条规定:“人民法院受理破产申请前六个月内，债务人有本法第二条第一款规定的情形，仍对个别债权人进行清偿的，管理人有权请求人民法院予以撤销。但是，个别清偿使债务人财产受益的除外。”需要注意的是管理人关于六个月内的撤销权有两种例外情况，分别规定在《最高人民法院关于适用〈中华人民共和国企业破产法〉若干问题的规定（二）》第十四条[①]、第十五条[②]之中。另外，基于保护劳动者权益和维持破产企业基本运营的考虑，《最高人民法院关于适用〈中华人民共和国企业破产法〉若干问题的规定（二）》第十六条中规定了三种管理人禁止行使撤销权的情形：其一为债务人为维系基本生产需要支付水费、电费的；其二为债务人支付劳动报酬、人身损害赔偿金的；其三为使债务人财产受益的其他个别清偿。

---

① 《最高人民法院关于适用〈中华人民共和国企业破产法〉若干问题的规定（二）》第十四条规定:“债务人对以自有财产设定担保物权的债权进行的个别清偿，管理人依据企业破产法第三十二条的规定请求撤销的，人民法院不予支持。但是，债务清偿时担保财产的价值低于债权额的除外。”

② 《最高人民法院关于适用〈中华人民共和国企业破产法〉若干问题的规定（二）》第十五条规定：“债务人经诉讼、仲裁、执行程序对债权人进行的个别清偿，管理人依据企业破产法第三十二条的规定请求撤销的，人民法院不予支持。但是，债务人与债权人恶意串通损害其他债权人利益的除外。”

第 46 问：破产撤销权与抵销权的行权主体有哪些？

一、破产撤销权的行权主体

（一）破产管理人。《企业破产法》第三十四条规定：“因本法第三十一条、第三十二条或者第三十三条规定的行为而取得的债务人的财产，管理人有权追回。”根据本条规定，破产撤销权的行使主体为破产管理人。

（二）债权人。《最高人民法院关于适用〈中华人民共和国企业破产法〉若干问题的规定（二）》第十三条第一款规定：“破产申请受理后，管理人未依据企业破产法第三十一条的规定请求撤销债务人无偿转让财产、以明显不合理价格交易、放弃债权行为的，债权人依据民法典第五百三十八条、第五百三十九条等规定提起诉讼，请求撤销债务人上述行为并将因此追回的财产归入债务人财产的，人民法院应予受理。”

二、破产抵销权的行权主体

破产抵销权以民法上的抵销权为基础，是民法上的抵销权在破产程序中的延伸。根据《民法典》第五百六十八条规定，当事人互负债务，该债务的标的物种类、品质相同的，任何一方可以将自己的债务与对方的到期债务抵销。根据该规定，民法典意义上的抵销权具有双向性，互负债务的任何一方都可以主张抵销，二者都是抵销权的主体。根据《企业破产法》第四十条规定，债权人在破产申请受理前对债务人负有债务的，可以向管理人主张抵销。由此可知，破产法语境下的抵销权的行使主体是破产债权人。

第 47 问：破产抵销禁止和无效情形有哪些？

破产抵销禁止和无效情形主要规定在《企业破产法》及《最高人民法院关于适用〈中华人民共和国企业破产法〉若干问题的规定（二）》之中。

一、禁止抵销情形的规定

《企业破产法》第四十条规定的三种情形为：（一）债务人的债务人在破产申请受理后取得他人对债务人的债权的；（二）债权人已知债务人有不能清偿到期债务或者破产申请的事实，对债务人负担债务的；但是，债权人因为法律规定或者有破产申请一年前所发生的原因而负担债务的除外；（三）债务人的债务人已知债务人有不能清偿到期债务或者破产申请的事实，对债务人取得债权的；但是，债务人的债务人因为法律规定或者有破产申请一年前所发生的原因而取得债权的除外。

《最高人民法院关于适用〈中华人民共和国企业破产法〉若干问题的规定（二）》第四十五条规定的一种情形为：企业破产法第四十条所列不得抵销情形的债权人，主张以其对债务人特定财产享有优先受偿权的债权，与债务人对其不享有优先受偿权的债权抵销，但是用以抵销的债权大于债权人享有优先受偿权财产价值的除外，不可抵销。

《最高人民法院关于适用〈中华人民共和国企业破产法〉若干问题的规定（二）》第四十六条规定的两种情形为：债务人的股东主张以下列债务与债务人对其负有的债务抵销，不得抵销：（一）债务人股东因欠缴债务人的出资或者抽逃出资对债务人所负的债务；（二）债务人股东滥用股东权利或者关联关系损害公司利益对债务人所负的债务。

二、抵销无效情形的规定

《最高人民法院关于适用〈中华人民共和国企业破产法〉若干问题的规定（二）》第四十四条规定的破产抵销无效的情形为：破产申请受理前六个月内，债务人有企业破产法第二条第一款规定的情形，债务人与个别债权人以抵销方式对个别债权人清偿，其抵销的债权债务属于企业破产法第四十条第二、三项规定的情形之一，管理人在破产申请受理之日起三个月内向人民法院提起诉讼，主张该抵销无效的，人民法院应予支持。

第 48 问：破产抵销的异议期限及程序有哪些要求?

《最高人民法院关于适用〈中华人民共和国企业破产法〉若干问题的规定（二）》第四十一条第一款规定："债权人依据企业破产法第四十条的规定行使抵销权，应当向管理人提出抵销主张。"因此，行使抵销权的相对人是破产管理人。

《最高人民法院关于适用〈中华人民共和国企业破产法〉若干问题的规定（二）》第四十二条第二款规定："管理人对抵销主张有异议的，应当在约定的异议期限内或者自收到主张债务抵销的通知之日起三个月内向人民法院提起诉讼。无正当理由逾期提起的，人民法院不予支持。"

因此，异议期限首先依照双方约定，有约定则按照约定，无约定则自管理人收到抵销通知后三个月内。程序以破产管理人向主管法院提起诉讼的方式进行。

第 49 问：破产案件中，哪些情形不属于个别清偿？

《最高人民法院关于适用〈中华人民共和国企业破产法〉若干问题的规定（二）》第十四条规定："债务人对以自有财产设定担保物权的债权进行的个别清偿，管理人依据企业破产法第三十二条的规定请求撤销的，人民法院不予支持。但是，债务清偿时担保财产的价值低于债权额的除外。"

《最高人民法院关于适用〈中华人民共和国企业破产法〉若干问题的规定（二）》第十五条规定："债务人经诉讼、仲裁、执行程序对债权人进行的个别清偿，管理人依据企业破产法第三十二条的规定请求撤销的，人民法院不予支持。但是，债务人与债权人恶意串通损害其他债权人利益的除外。"

《最高人民法院关于适用〈中华人民共和国企业破产法〉若干问题的规定（二）》第十六条规定："债务人对债权人进行的以下个别清偿，管理人依据企业破产法第三十二条的规定请求撤销的，人民法院不予支持：

"（一）债务人为维系基本生产需要而支付水费、电费等的；

"（二）债务人支付劳动报酬、人身损害赔偿金的；

"（三）使债务人财产受益的其他个别清偿。"

第 50 问：在破产程序中，管理人如何取回质物、留置物？

《企业破产法》第三十七条规定：“人民法院受理破产申请后，管理人可以通过清偿债务或者提供为债权人接受的担保，取回质物、留置物。前款规定的债务清偿或者替代担保，在质物或者留置物的价值低于被担保的债权额时，以该质物或者留置物当时的市场价值为限。”

第 51 问：房地产企业破产案件中，购房者已支付全款但未办理过户的商品房是否属于破产财产？

房地产企业破产案件中，购房者的权益保障事关民生，针对此问题，实务中存在两种观点：

第一种观点认为：应按照最高人民法院 2002 年 7 月 30 日发布的《关于审理企业破产案件若干问题的规定》第七十一条“下列财产不属于破产财产：……（五）特定物买卖中，尚未转移占有但相对人已完全支付对价的特定物；（六）尚未办理产权证或者产权过户手续但已向买方交付的财产……”的规定予以认定。尽管该规定出台是为了正确适用《企业破产法（试行）》，现《企业破产法（试行）》已经废止，但因为最高人民法院未明确宣告《关于审理企业破产案件若干问题的规定》废止，所以其仍然有效，可予以适用。

第二种观点认为：《关于审理企业破产案件若干问题的规定》虽未废止，但已失去继续适用条件，故不应据此认定已支付全款但未办理过户的商品房不属于债务人财产。原因如下：

一、《关于审理企业破产案件若干问题的规定》是为了正确实施《企业破产法（试行）》而制定的司法解释，随着 2007 年 6 月 1 日《企业破产法》的正式实施，《企业破产法（试行）》已经废止，针对《企业破产法（试行）》制定的《关于审理企业破产案件若干问题的规定》原则也应不再适用。这是（2017）最高法民申 3088 号所确立的裁判规则。

二、根据《民法典》第二百零九条第一款规定“不动产物权的设立、变更、转让和消灭，经依法登记，发生效力；未经登记，不发生效力，但是法律另有规定的除外”，因此，在房地产企业破产案件中，未办理产权证书的房屋仍属于房地产企业所有。《关于审理企业破产案件若干问题的规定》与《民法典》的规定相抵触，且其效力位阶低于《民法典》，亦不应再予以适用，所以未办理权属证书，即使已交全款或已交付，仍属于债务人财产，购房者应予以申报债权。

三、2020 年 12 月 29 日实施的《最高人民法院关于适用〈中华人民共和国企业破产法〉若干问题的规定（二）》第二条规定："下列财产不应认定为债务人财产：（一）债务人基于仓储、保管、承揽、代销、借用、寄存、租赁等合同或者其他法律关系占有、使用的他人财产；（二）债务人在所有权保留买卖中尚未取得所有权的财产；（三）所有权专属于国家且不得转让的财产；（四）其他依照法律、行政法规不属于债务人的财产。"该解释删除了《关于审理企业破产案件若干问题的规定》第七十一条第五项、第六项，根据"新法优于旧法"的原则，针对债务人财产范围的确定应适用《最高人民法院关于适用〈中华人民共和国企业破产法〉若干问题的规定（二）》。显然，房地产企业破产案件中，购房者已交付全款但未办理过户的商品房不属于"不应认定为债务人财产"的情形，不应排除在债务人财产之外，应属于债务人财产[①]。

目前，在实务审判和操作中，第二种观点居于主流，各地法院多沿用（2017）最高法民申 3088 号所确立的裁判规则。例如（2020）云民终 1537 号判决[②]认为：《最高人民法院关于适用〈中华人民共和国企业破产法〉若干问题的规定（二）》第二条相较《关于审理企业破产案件若干问题的规定》，系新法对不属于债务人的财产作出了新规定，同时根据《最高人民法院关于适用〈中华人民共和国企业破产法〉若干问题的规定（二）》第四十八条[③]规定以及新法优于旧法的原则，不一致的条款不应当再适用。且《关于审理企业破产案件若干问题的规定》颁布于原《物权法》实施之前，原《物权法》规定了不动产物权设立为登记生效的原则，在房屋所有权未进行转移登记的情况下，仍属于出卖人开发商，买受人尚未取得涉案房屋的物权，故买受人主张行使取回权不符合《企业破产法》第三十八条的规定，其无权取回涉案房屋。

但是，将该类商品房认定为债务人财产，并不意味着购房者的权利无法获得保护，如果符合消费性购房的条件，将获得优先清偿的地位。此外，从保护消费者权益和维护社会民生稳定的前提出发，在购房者完全履行合同义

---

① 最高人民法院：某某投资股份有限公司、某某房地产开发有限公司商品房预售合同纠纷案。

② 云南省高级人民法院：黄某某、某某房地产开发经营有限公司一般取回权纠纷二审案。

③《最高人民法院关于适用〈中华人民共和国企业破产法〉若干问题的规定（二）》第四十八条规定：本规定施行前本院发布的有关企业破产的司法解释，与本规定相抵触的，自本规定施行之日起不再适用。

务的情况下，房地产企业可以在房屋具备交付条件或产权转移条件时，将房屋交付给全款购房者，并协助办理产权过户手续，如果房屋价格明显过低，可以在重整计划中对相应的价款予以适当调整，以实现公平公正为基本原则，有效避免矛盾和冲突的发生，维护正常市场交易秩序。

第 52 问：房地产企业破产案件中，国家划拨土地是否属于破产财产？

最高人民法院关于破产企业国有划拨土地使用权应否列入破产财产等问题的批复：根据《中华人民共和国土地管理法》第五十八条第一款第三项及《城镇国有土地使用权出让和转让暂行条例》第四十七条的规定，破产企业以划拨方式取得的国有土地使用权不属于破产财产，在企业破产时，有关人民政府可以予以收回，并依法处置。纳入国家兼并破产计划的国有企业，其依法取得的国有土地使用权，应依据国务院有关文件规定办理。

第 53 问：房地产企业破产案件中，管理人如何开展资产及负债调查工作？

管理人在接受人民法院指定后应当对债务人资产及负债状况进行全面调查，并制作财产状况报告。而破产企业的资产情况是财产状况调查的核心内容，因此管理人有效地开展对破产企业的资产和负债调查工作显得尤为重要。管理人在对破产房地产企业进行资产调查时，除对企业货币资金、存货、固定资产、应收款项等进行常规审计外，还应着重调查以下资产。

一、房产

首先，管理人需要在不动产登记中心及住房保障和房产管理局等相关房产登记主管部门调取破产企业全部房产登记备案信息以及查封信息。其次，根据破产企业提供的房产所有权证书或其他权属证明文件，房产信息统计表（包含权属、数量、面积、用途、销售、对价等），以及房产抵押协议（如贷款协议和抵押合同等）、房产抵押登记文件、房产查封司法文书等全面掌握破产房地产企业的房产情况。

二、土地

针对房地产企业的土地使用权情况，管理人需对企业提供的国有土地使用权证书、有关批准文件或土地使用权转让合同、转让对价及相关契税的缴付证明等相关材料进行审查，同时到自然资源局、不动产登记中心等相关土地登记主管部门调取企业全部土地登记信息。

三、在建工程

破产房地产企业如存在尚未建设完毕的房产或其他在建工程项目，则需要核查在建工程的立项文件、建设用地许可证、建设工程规划许可证、施工许可证、工程进度、施工状况以及其他相关材料，同时还需要调查了解在建工程抵押情况及其他性质的他项权益，包括所担保债权情况、抵押合同或他项权证、相关司法文书等。

四、对外投资

管理人需要核查破产房地产企业所有的对外投资企业，如全资子公司、分公司、参股企业等，包括名称、注册地址、法定代表人、成立日期、注册资本、股权比例及经营范围等详细信息。管理人也需要核查企业所持有的股权是否设置了质押，是否存在查封、冻结等情况。

管理人在对破产房地产企业进行负债调查时，通过向企业实际控制人、高管、财务人员询问，掌握企业基本概况、资金周转状况、结算情况等信息。同时还要注重掌握破产房地产企业的关联主体，对关联企业进行详尽调查，可通过市场监督管理系统查询破产企业所有的关联公司，通过对关联交易的核查确定破产企业是否存在没有入账的资金往来。必要时还应对关联企业进行实地调查，管理人可凭借调查收集到的已知线索对破产房地产企业的负债状况深入挖掘。另外，对于负债情况的核查不能仅限于账面负债，也要关注资产负债表中没有记录的或有负债及其他潜在的表外负债，并针对或有负债的风险进行适当防范，以免当重整投资方成为破产企业新的股东后，有不明相关方以企业过去的交易或其他事项为由，要求重整投资方承担责任。由此可见，管理人在开展负债调查工作时，不仅要核查企业负债的真实性、合法性和有效性，还要分析负债对破产程序产生的影响。

根据《全国法院破产审判工作会议纪要》第四十三条规定，破产受理法院可以利用执行查控系统查控债务人财产，提高破产审判工作效率，执行部门应予以配合。根据《最高人民法院关于推进破产案件依法高效审理的意见》第七条规定，管理人应当及时全面调查债务人财产状况。破产案件受理法院可以根据管理人的申请或者依职权，及时向管理人提供通过该院网络执行查控系统查询到的债务人财产信息。管理人对破产企业开展资产及负债调查工作主要通过以下手段：

（一）申请调查令，管理人向人民法院申请调查令，用于调查破产企业财产情况、对外债权等。

（二）管理人可以向法院申请，利用执行查控系统查控债务人财产，调查债务人财产状况。

（三）破产企业工作人员协助管理人调查破产企业财产信息。破产企业出具相关证明材料，企业员工协助管理人在不动产登记中心、房管局等地查询企业财产信息。

第 54 问：房地产企业破产案件中，如何实现债务人资产价值最大化?

在破产程序中债权人最关注的是债权清偿比例问题，而清偿比例的高低与债务人的财产情况具有直接的关系。如何实现债务人财产的最大化是债权人、管理人、破产企业、法院、政府等各方关注的问题。实现债务人资产价值最大化可以从以下方面着手：

第一，对债务人的财产进行有效的管理，减少财产贬损。《企业破产法》第二十五条规定了管理人有接管债务人财产的职责。管理人在接管债务人财产后，要对财产做出合理的保管措施。例如，对债务人的机器设备等进行定期检查，防止损毁。在房地产企业破产企业案件中，管理人应定期对烂尾楼进行清理、降水等工作，保证后期楼盘续建工作的开展。

第二，管理人积极行使追回权，增加企业资产。《企业破产法》第三十四条、第三十五条、第三十六条明确规定了管理人应该行使追回权，行使追回权的范围为可撤销行为、无效行为取得债务人财产的追回，债务人未完全履行出资义务，对未出资部分的追回，债务人的董事、监事和高级管理人员利用职权从企业获取的非正常收入和侵占的企业财产，管理人应当追回，防止债务人财产流失。

第三，《企业破产法》引入市场化的破产规则，资产的市场化处置是实现债务人财产价值最大化的关键之一。《企业破产法》第一百一十二条第一款规定："变价出售破产财产应当通过拍卖进行。但是，债权人会议另有决议的除外。"管理人在处置破产企业资产时，应将破产财产的价值判断交给市场，通过网络拍卖产生高溢价率。这一方式在实践中已被广为应用。

第四，根据《企业破产法》第二十五条、第二十六条的规定，在第一次债权人会议召开之前，由管理人决定债务人继续营业并报人民法院许可。通过债务人的继续营业活动，保障其资产的保值增值。

第五，通过破产重整程序引入重整投资人，在以下四方面制订科学、合理的经营计划，实现资产的溢价、增值效应。

一是深化企业体制改革，激发企业发展活力。深化企业改革，构建既有战略管控能力又有市场经营灵活性、适应房地产行业发展趋势的扁平化、高效化的组织体系和人力资源体系，同时全面梳理并深入剖析现有规章制度和业务流程中存在的问题，加快构建符合房地产行业未来发展需求的制度体系，打造富有活力、协同发展的创新体系和业务链，最大限度地激发企业发展活力和发展动力。

二是加强职工队伍建设，组建专业运营团队。积极引进优秀管理人员，充分激发破产企业骨干人员、技术人员的工作潜力，在提高员工收入的同时发挥个人最大价值，打造高质量、高效率的企业运营团队，进而增强企业活力及同行业竞争力。同时组建专业化房地产开发、物业管理及市场营销等管理团队，强化和完善企业内部各项经营管理机制，提升企业整体管理水平，保障项目后续开发建设工作的正常进行。

三是优化企业资源配置，提升企业效率。以重整为契机，优化资源配置，深挖企业潜力、降本节支、提升效益，激发企业动力和竞争力，促进企业可持续健康发展，实现资产结构优化，进一步提高生产经营能力。

四是做好破产房地产企业品牌管理。必要时，为破产房地产企业引入市场知名开发品牌及施工企业，从开发产品定位、现场管理、营销、销售等全面管理，妥善安排施工进度及销售节奏，实现品牌溢价。

第 55 问：破产案件中，债务人的商业秘密如何保护？

商业秘密是企业的无形资产，对于处于破产重整旋涡中的房地产企业来说，有些商业秘密的泄露可能导致重整失败。根据《最高人民法院关于适用〈中华人民共和国企业破产法〉若干问题的规定（二）》第一条规定，知识产权属于破产财产。商业秘密因其具有财产变价价值亦属于债务人破产财产。实践中，已有地区出台相关审判操作规程。例如《深圳市中级人民法院破产案件管理人工作规范》的规定①。

结合实务经验，加强对破产企业商业秘密的管理应当做到以下几点。

一、管理人勤勉尽责，增强对债务人商业秘密保护的意识，并建立相应的管理制度

我国法律并未明确规定管理人应具体采取哪些措施保护企业商业秘密，但《企业破产法》第二十七条明确规定：“管理人应当勤勉尽责，忠实执行职务。”由此可知，在接管、管理债务人财产过程中保护企业商业秘密，应是立法的应有之义。在各地的实践中，重庆②、北京③、江苏等地的破产管理人操作规程中，均明确规定了管理人对债务人涉密信息的保密义务。因此，在实践操作中，要求管理人不仅应捋清企业所涉商业秘密的种类、事项等具体内容，建章立制、严格执行，同时与第三方中介机构可能接触到商业秘密的有关人

---

① 《深圳市中级人民法院破产案件管理人工作规范》第三十五条规定：“管理人对债务人的知识产权、专有技术、商业秘密、企业商号等无形资产应当及时确定权属，适时变价出售。对于债务人的对外投资，管理人应当依法行使出资人的权利，及时变价处置。”

② 《重庆破产法庭、重庆市破产管理人协会破产案件管理人工作指引（试行）》第十二条规定：“保密原则：管理人应当严格履行保密义务。对于在履行职务中知悉的有关债务人、债权人和其他利害关系人的商业秘密、个人隐私以及其他不能对外披露的事项，管理人应当予以保密。”

③ 《北京破产法庭破产案件管理人工作指引（试行）》第一百四十六条规定：“（债权人知情权）单个债权人有权查阅债务人财产状况报告、债权人会议决议、债权人委员会决议、管理人监督报告等参与破产程序所必需的债务人财务和经营信息资料。上述信息资料涉及商业秘密的，管理人应当告知债权人依法承担保密义务或者要求债权人签署保密协议；涉及国家秘密的，应当依照相关法律规定处理。”

员应签订保密协议。此外，在对接投资人时，披露企业信息时应注意尺度。

二、对于可能涉及商业秘密的债务人信息，在债权人要求查阅时，管理人要进行必要性审查，并在必要范围内向债权人予以披露

根据《企业破产法》的规定，债权人享有知情权，同时《最高人民法院关于适用〈中华人民共和国企业破产法〉若干问题的规定（三）》第十条[①]也规定了债权人知情权受侵害时的救济措施，从而解决破产程序中的信息不对称问题，确保债权人获得必要的信息资料，以便在行使表决权时做出更符合其真实意思的决定。

但实务中，不排除有债权人与债务人存在竞争的可能，若允许其没有限度地查阅债务人信息资料，有可能导致商业秘密泄露。根据《最高人民法院关于适用〈中华人民共和国企业破产法〉若干问题的规定（三）》第十条规定，上述信息资料涉及商业秘密的，债权人应当依法承担保密义务或者签署保密协议。因此，实务操作中，管理人在对债权人的主体资格、信息查阅必要性、阅读正当性进行审查的基础上，向债权人披露信息，同时要求债权人签署保密协议。

① 《最高人民法院关于适用〈中华人民共和国企业破产法〉若干问题的规定（三）》第十条规定："单个债权人有权查阅债务人财产状况报告、债权人会议决议、债权人委员会决议、管理人监督报告等参与破产程序所必需的债务人财务和经营信息资料。管理人无正当理由不予提供的，债权人可以请求人民法院作出决定；人民法院应当在五日内作出决定。上述信息资料涉及商业秘密的，债权人应当依法承担保密义务或者签署保密协议；涉及国家秘密的应当依照相关法律规定处理。"

第 56 问：如何防范破产企业逃废债？

逃废债是一种民事违约行为，但并非所有“欠债不还”都是逃废债，它的重点在于债务人的主观故意，即有能力履行债务而不尽力履行。破产企业的逃废债是指破产法语境下，债务人企业利用破产程序逃避债务，损害债权人的利益。这种行为又被称为“假破产真逃债”“借破产逃债”“虚假破产”等。实践中，主要通过以下三种措施防范企业逃废债。

一、完善法律法规，严格落实破产审查制度

法律法规是防止破产企业逃废债的源头，也是防止破产企业逃废债的第一关。在立法层面要加强相关法律法规的完善，严防死守各个逃废债“出口”。

在企业主体申请破产时，加强对破产企业的资产、财务等状况审查，严格审查《企业破产法》第二条规定事项，防止破产企业“假破产真逃债”。

二、落实破产主体责任，加大逃废债企业、责任人处罚力度

各个破产程序参与主体要严格履行各自法定职责，遵守各自行为准则，落实各参与主体责任。要对帮助破产企业逃废债的责任主体加大处罚力度。

三、提高破产案件审理透明度，加强破产参与主体监督力度

提高破产案件审理透明度，根据法律法规保障债权人知情权。加强债权人会议、债权人委员会监督力度，积极推动审理公开透明，通过第三方的监督，减少企业逃债行为。

第五章　破产费用和共益债务

第 57 问：何谓破产费用，破产费用包括哪些？

破产费用是指在破产程序的启动和进行过程中，为破产程序的顺利推进以及为破产财产的管理、处分等而支出的费用，是破产进行所必须花费的费用。相对于共益债务，破产费用主要体现破产的程序属性，具有强烈的程序性色彩。

《企业破产法》第四十一条规定："人民法院受理破产申请后发生的下列费用，为破产费用：（一）破产案件的诉讼费用；（二）管理、变价和分配债务人财产的费用；（三）管理人执行职务的费用、报酬和聘用工作人员的费用。"

1. 破产案件的诉讼费用

（1）受理破产案件的受理费用，此费用是破产案件启动和进行的必要费用；

（2）破产案件进行过程中发生的衍生诉讼产生的诉讼费用。从实践来看，多数是债权人对管理人债权认定数额不服，因债权数额确认之诉而产生的费用。此外，也有管理人为追讨、实现债权、不承担债务抗辩等而发生的诉讼费用。

2. 管理、变价和分配债务人财产的费用

（1）接管破产企业财产过程中发生的交通、劳务、运输、办公等费用；

（2）保管破产财产中发生的安保、仓储、保养、维修、财产保险等费用；

（3）为核实破产企业状况而产生的审计、评估、造价等中介费用；

（4）为债务人资产变价而产生的资产评估、拍卖、公告、交易手续费、税费等费用；

（5）财产分配过程中发生的人工、办公、差旅等费用。

3. 管理人执行职务的费用、报酬和聘用工作人员的费用

（1）债权人会议产生的各项费用、核实债权人所申报债权发生的各项费用、对债权人作出各项公告的费用、办公产生的各种费用；

（2）按照《最高人民法院关于审理企业破产案件确定管理人报酬的规定》产生的管理人报酬；

（3）聘用会计师、律师、安保人员、行政、出纳等工作人员的费用。

第 58 问：何谓共益债务，共益债务包括哪些？

共益债务，是指破产程序开始后，为使破产企业的财产保值、增值而产生的需要破产企业负担的债务。共益债务的产生具有时间节点特征，即发生在破产申请受理后。根据《企业破产法》第四十二条的规定，人民法院受理破产申请后发生的下列债务，为共益债务：（一）因管理人或者债务人请求对方当事人履行双方均未履行完毕的合同所产生的债务；（二）债务人财产受无因管理所产生的债务；（三）因债务人不当得利所产生的债务；（四）为债务人继续营业而应支付的劳动报酬和社会保险费用以及由此产生的其他债务；（五）管理人或者相关人员执行职务致人损害所产生的债务；（六）债务人财产致人损害所产生的债务。

因破产申请受理后发生的债务，管理人一般应当知晓或者参与，去主动审查即可。关于共益债务是否需要申报，目前也并无进行申报的法律依据，似乎无需申报，但《企业破产法》第四十二条第二项、第三项规定的债务，完全靠管理人去主动审查难免出现遗漏，若没有债权人主动提醒或者申报，管理人不一定知晓。且共益债务作为债权人的私有财产权利，如何去主张，不能完全交由管理人来决定。所以，对于共益债务，债权人完全有必要对管理人进行申报，待管理人审核后，再决定是否列入共益债务。当共益债务的认定出现纠纷时，债权人可以向法院提起诉讼，通过法院确认能否认定为共益债务以及对应的数额。

哪些情况下相关权利人可主张共益债务呢？主要规定在《最高人民法院关于适用〈中华人民共和国企业破产法〉若干问题的规定（二）》中，如第四条规定的对共有财产分割所产生的对共有人的损害；第十一条规定的管理人撤销交易，债务人应返还的价款；第三十一条规定的法院受理债务人破产后，债务人越权转让他人财产给第三人，第三人因未能取得财产所有权所主张的返还对价款；第三十二条规定的法院受理债务人破产后，债务人占有他人的财产毁损、灭失所获得的因与债务人财产混同而无法返还的保险金、赔偿金、代偿物；第三十三条规定的管理人或者相关人员在执行职务过程中给他人造成的财产损害；第三十六条规定的管理人单方解除债务人为出卖人的所有权保留买卖合同，买受人应得的返还价款；第三十七条规定的管理人决定继续履行债务人为买受人的所有权保留买卖合同，出卖人应得的价款；第三十八条规定的管理人单方解除债务人为买受人的所有权保留买卖合同，出卖人就标的物价值减少的损失赔偿。

如果管理人决定继续履行合同，破产申请受理前产生的债务是否属于共益债务，主要看合同是否具有分割性以及是否符合使破产财产价值最大化和债权人利益最大化的原则。如果以破产受理日为节点，在时间上对合同进行分割，并不影响合同价款、履行方式、当事人实体权益等，则不应当认定为共益债务。例如，浙江省高级人民法院（2018）浙民终 421 号上诉人衢州 YN 气体有限公司与被上诉人浙江 ZN 硅业有限公司普通破产债权确认纠纷一案中，浙江高院鉴于供气合同的性质，通常情况下对合同履行时间进行分割，本身不会对合同价款、履行方式、当事人实体权益造成过多影响，故未将受理破产申请之前债务人欠付费用认定为共益债务；如果以破产受理日为节点，不能以时间节点进行划分，则应当认定为共益债务。例如，《最高人民法院关于适用〈中华人民共和国企业破产法〉若干问题的规定（二）》第三十七条规定的管理人决定继续履行债务人为买受人的所有权保留买卖合同，出卖人应得的价款。也就是说，在债务人未付清款项之前，标的物所有权仍属于出卖人，合同具有整体不可分性。例如，山东省高级人民法院（2020）鲁民终 603 号上诉人桓台县唐山某热电有限公司与被上诉人上海 TS 能源服务股份有限公司技术服务合同纠纷一案中，债权人为债务人建设节能汽轮机，并按照前高后低的方式按年收取节能服务费。鉴于合同中明确约定款项付清前所有权属于债务人，且合同标的物汽轮机作为一个整体不具有可分性，最终法院认定节能服务费属于共益债务。

有时候，虽然合同内容不符合《最高人民法院关于适用〈中华人民共和国企业破产法〉若干问题的规定（二）》第三十七条规定的情形，但因为能使债务人受益，仍需要认定为共益债务的，可以从“个别清偿使债务人财产受益的除外”中寻求正当性。《企业破产法》第三十二条规定：“人民法院受理破产申请前六个月内，债务人有本法第二条第一款规定的情形，仍对个别债权人进行清偿的，管理人有权请求人民法院予以撤销。但是，个别清偿使债务人财产受益的除外。”此时，“使债务人财产受益的”个别清偿行为已经完成。若认定为共益债务，则清偿行为尚未完成，只是确定了清偿顺序。按照“举重以明轻”的原则，若合同继续履行能够“使债务人财产受益”，管理人可以考虑将其认定为共益债务。

此外，将破产申请受理前产生的债务认定为共益债务存在法律上的突破，在没有法律依据的情况下，需要通过债权人会议表决确认或通过诉讼方式确认。

第 59 问：破产费用和共益债务如何清偿？

在清偿顺序上，破产费用优先于共益债务。清偿原则为优先清偿、随时清偿、比例清偿。

根据《企业破产法》第四十三条规定，破产费用和共益债务由债务人财产随时清偿。债务人财产不足以清偿所有破产费用和共益债务的，先行清偿破产费用。债务人财产不足以清偿所有破产费用或者共益债务的，按照比例清偿。债务人财产不足以清偿破产费用的，管理人应当提请人民法院终结破产程序。

从以上法律条款和原理来看，破产费用是破产程序启动和进行的必需费用，而共益债务是能够使债务人财产保值、增值所产生的必要费用。《企业破产法》第四十三条第四款规定了债务人财产不足以清偿破产费用的，管理人应当提请人民法院终结破产程序，而并未规定如果债务人财产不足以清偿共益债务的终结破产程序。由此可见，破产费用清偿顺序应当优先于共益债务。

从实践经验来看，一般破产程序启动后，管理人履职内容包括接管债务人的财产、印章和账簿等资料；调查债务人财产状况，制作债务人资产报告；保管债务人的财产。所以，在破产案件中对债务人的财产并非于程序启动时就能全部查清。在债务人财产无法全部查清的情况下，要求管理人能够做到对破产费用以及共益债务的随时清偿且同时保证破产费用优先于共益债务清偿，难度较大。只有一种可能性，就是破产费用随时清偿，而共益债务在破产费用清偿完毕后再进行随时清偿。

由此，《企业破产法》第四十三条第三款规定的“债务人财产不足以清偿所有破产费用或者共益债务的，按照比例清偿”，应当理解为破产财产不足以清偿破产费用的，应当先行在破产费用中按照比例清偿，在清偿完破产费用，剩余破产财产又不足以清偿共益债务的，再按照比例清偿共益债务。

第 60 问：实践过程中，管理人执行职务费用如何界定？

《企业破产法》第四十一条第三项规定“管理人执行职务的费用、报酬和聘用工作人员的费用”属于破产费用的范畴。实践中，我们对于管理人报酬和聘用工作人员的费用都是比较明确的，但“管理人执行职务的费用”如何界定，在实践中存在争议。目前，重庆市第五中级人民法院出台了《管理人执行职务费用的管理办法（试行）》，具有极大参考意义，其中列举的项目涵盖了实践中绝大部分的“管理人执行职务……的费用”，主要包括：

一、管理人租用办公场地产生的费用。（原则上使用债务人办公场地）

二、管理人执行职务产生的办公费用，具体如下：

（一）召开债权人会议、债权人委员会或协调推进会等会议的会议费；

（二）购置文具、财务用品等办公用品以及耗材的费用；

（三）印刷费；

（四）邮政资费；

（五）通讯费；

（六）刻制印章费；

（七）其他办公费用。

三、管理人执行职务产生的差旅费，具体如下：

（一）城市间往返交通费；

（二）伙食补助费；

（三）住宿费；

（四）出差地交通费。

四、管理人执行职务产生的其他必要费用。

第 61 问：破产程序中有关债务人的民事诉讼案件，如何收取诉讼费?

《诉讼费用交纳办法》第二十条第二款[①]、第十四条第六项[②]规定，破产案件申请费可以在清算后或者重整计划执行中交纳，且依据破产财产总额计算，按照财产案件受理费标准减半交纳，最高不超过 30 万元。以上规定充分考虑到了破产企业已经资不抵债，经营难以为继的困境。这里的“按照财产案件受理费标准减半交纳”，一般是按照变现财产来计算，不宜按照评估财产来计算。实践中，大多将缴纳破产案件受理费用作为破产程序终结的标志。

破产受理后发生的衍生案件多为两类：一是对管理人确认债权结果不服而提起的债权确认之诉；二是关于取回权、别除权以及撤销权诉讼的民事案件。其中争议最大的是债权确认之诉。关于债权确认之诉应当按件收费的发声不绝于耳，主要理由：债权确认之诉未涉及财产给付，不具有可执行性。且按照标的收费，债务人一旦败诉，对于破产企业来说无疑加重债务负担。不过，依据《最高人民法院关于适用〈中华人民共和国民事诉讼法〉的解释》第二百条[③]规定，目前普遍的做法是按照财产标的收费。

其实，最高人民法院在 2012 年已表态。《在全国法院审理企业破产案件工作座谈会上的总结讲话（摘录）》[④]，关于破产衍生诉讼受理费用问题的意见是：“目前《诉讼费用交纳办法》对此没有作出专门规定，最高人民法院正在与国务院法制办共同研究补充完善。在新的标准颁布前，可以参照目前的相关收费标准收取受理费。比如，对破产债权确认纠纷的案件受理费用

---

① 根据《诉讼费用交纳办法》第二十条第二款规定，破产申请费清算后交纳。

② 《诉讼费用交纳办法》第十四条第六项规定：“破产案件依据破产财产总额计算，按照财产案件受理费标准减半交纳，但是，最高不超过 30 万元。”

③ 《最高人民法院关于适用〈中华人民共和国民事诉讼法〉的解释》第二百条规定：“破产程序中有关债务人的民事诉讼案件，按照财产案件标准交纳诉讼费，但劳动争议案件除外。”

④ 参见奚晓明编：《商事审判指导》（2011 年第三辑），人民法院出版社 2012 年版，第 21 页。

可按照财产案件的交纳标准计收。因为，虽然该诉讼是针对债权的确认之诉，但其本质是关于该债权是否应予清偿的财产性争议，不属于非财产类案件。而且，案件受理费也具有调节诉讼的作用，增加诉讼成本能够减少滥诉。”

第 62 问：破产申请受理前，债务人欠付的案件受理费、执行申请费应如何处理？

《最高人民法院关于适用〈中华人民共和国企业破产法〉若干问题的规定（三）》第一条第二款规定："此前债务人尚未支付的案件受理费、执行申请费，可以作为破产债权清偿。"因此，对于债务人破产申请受理前欠付的案件受理费、执行申请费可以作为破产债权进行申报。

关于此类债权的申报主体问题，《最高人民法院关于适用〈诉讼费用交纳办法〉的通知》第三条规定："《办法》第二十九条规定，诉讼费用由败诉方负担，胜诉方自愿承担的除外。对原告胜诉的案件，诉讼费用由被告负担，人民法院应当将预收的诉讼费用退还原告，再由人民法院直接向被告收取，但原告自愿承担或者同意被告直接向其支付的除外。当事人拒不交纳诉讼费用的，人民法院应当依法强制执行。"

《最高人民法院关于适用〈中华人民共和国民事诉讼法〉的解释》第二百零七条规定："判决生效后，胜诉方预交但不应负担的诉讼费用，人民法院应当退还，由败诉方向人民法院交纳，但胜诉方自愿承担或者同意败诉方直接向其支付的除外。当事人拒不交纳诉讼费用的，人民法院可以强制执行。"因此，对于原告所预交的诉讼费在法院判决由被告承担时，法院应该将诉讼费退还给原告，而后由被告交纳诉讼费。企业破产申请受理前的诉讼费应该由法院向破产企业申报债权。

对于法院申报的此笔债权的性质和清偿方式，《企业破产法》以及相关法律并没有作出明确规定。根据《全国法院破产审判工作会议纪要》第二十八条规定："……对于法律没有明确规定清偿顺序的债权，人民法院可以按照人身损害赔偿债权优先于财产性债权、私法债权优先于公法债权、补偿性债权优先于惩罚性债权的原则合理确定清偿顺序。因债务人侵权行为造成的人身损害赔偿，可以参照企业破产法第一百一十三条第一款第一项规定的顺序清偿，但其中涉及的惩罚性赔偿除外。破产财产依照企业破产法第一百一十三条规定的顺序清偿后仍有剩余的，可依次用于清偿破产受理前产生的民事惩罚性赔偿金、行政罚款、刑事罚金等惩罚性债权。”案件受理费、执行申请费属于国家规费性质，是公法债权。因此，私法债权优先于公法债权，将人民法院申报的此类债权定性为劣后债权更为合适。实践中，劣后债权一般不予清偿。

第63问：债务人财产不足以清偿破产费用的，如何启动破产终结程序？

《企业破产法》第四十三条第四款规定[①]，当管理人发现债务人财产可能不足以清偿破产费用的，应当提请人民法院终结破产程序。但实践中，管理人在向法院申请终结破产程序前，应当做好财产变价方案，对破产费用进行说明和公开，避免债权人异议和社会矛盾的发生。

首先，要合理判断和估算债务人财产状况，将财产合理变价，以变价所得来认定是否“不足以清偿破产费用”，而非资产评估报告。尽管，管理人聘请了专业的资产评估机构做出资产评估报告，但是，完全依靠资产评估报告来确定债务人财产难免存在漏洞。例如，僵尸企业的应收账款，其实并无财产价值。而有些优质资产可能产生溢价，如建设用地使用权。因此，管理人应当在评估报告的基础上，根据经验和市场重新评估制作财产变价方案，并经过债权人会议表决。

其次，对已经发生或者必然发生的破产费用通过债权人会议一一列出并进行说明。当债务人破产时，债权人已经降低预期，在破产费用的发生均合理合法，债务人财产确实不足以清偿破产费用的情况下，债权人对破产程序的终结一般不会产生异议。

最后，根据《全国法院破产审判工作会议纪要》第三十条规定[②]，在部分破产费用必然或者已然发生但不能支付或者未支付的情况下，管理人应当向债权人、债务人股东等利害关系人函证其是否愿意代为清偿或者垫付相应的

---

① 《企业破产法》第四十三条第四款规定：“债务人财产不足以清偿破产费用的，管理人应当提请人民法院终结破产程序。人民法院应当自收到请求之日起十五日内裁定终结破产程序，并予以公告。”

② 《全国法院破产审判工作会议纪要》第三十条规定：“……人民法院终结破产清算程序应当以查明债务人财产状况、明确债务人财产的分配方案、确保破产债权获得依法清偿为基础。破产申请受理后，经管理人调查，债务人财产不足以清偿破产费用且无人代为清偿或垫付的，人民法院应当依管理人申请宣告破产并裁定终结破产清算程序。”

费用，在确认无人愿意代为清偿或者垫付破产费用的情形下，再提请人民法院终结本案破产程序。

在管理人提出终结破产程序申请后，人民法院应当根据《全国法院破产审判工作会议纪要》第三十条规定，以查明债务人财产状况、明确债务人财产的分配方案、确保破产债权获得依法清偿为基础。自收到请求之日起十五日内，法院裁定终结破产程序并予以公告。

第 64 问：破产程序中，共益债务的利息如何把控？

关于共益债务的利息，法律并无明确规定。实务操作中，对于借款、投资款的利息和其他商事合同因迟延付款产生的利息应当分别对待：

一、对于借款和投资款，须将借款和投资款的本金和利息一并认定为共益债务，以便破产重整顺利进行。这是因为款项本身仅仅是成本，不含任何利润或收益。理性的商事交易主体不可能对无任何利息收益，反而有本金损失风险的项目提供融资借款。如果借款利息不能参照共益债务优先清偿，破产企业将难以找到融资借款方，《最高人民法院关于适用〈中华人民共和国企业破产法〉若干问题的规定（三）》第二条化解破产企业融资难问题的立法目的，恐无法实现。

二、其他商事合同有合理的利润空间和收益，其利息可作为劣后债权。这是因为商事合同中，债务人应当支付的货款、服务费等组成一般是成本 + 利润。即使不支付利息，债权人也有相当的收益，而且这种收益因其涵盖在债权本金中，有极大的保障。因此，这部分利息作为劣后债权，实践中，债权人也并不会提出异议。

在认定程序上，根据《最高人民法院关于适用〈中华人民共和国企业破产法〉若干问题的规定（三）》第二条第一款，借款事项需要债权人会议通过。为提高效率，关于将借款本金和利息一并认定为共益债务与借款事项可在债权人会议上一并表决。此利息利率应当不高于《最高人民法院关于审理民间借贷案件适用法律若干问题的规定》中规定的限度。鉴于房地产项目破产重整，购房债权人并不一定能够理性对待将借款利息认定为优先债权，应予以科学表述。比如，为使破产企业起死回生，现在向 ××× 融资借款 ×× 万元整，借款本金与利息按照共益债务清偿顺序优先受偿，借款利率在民间借贷法定利率范围内。

第六章　债权申报

第 65 问：什么是破产债权？

破产债权是指在法院受理破产申请之前成立的，对债务人发生并且需要通过依法申报取得确认后由破产财产进行公平清偿的财产请求权。

破产债权主要有以下几种：成立于破产申请受理之前的无财产担保的债权，是破产债权中最为常见的一类债权，基本上也是占比最大的一类；放弃优先受偿权的有财产担保的债权或担保差额的债权；受理破产申请时尚未到期的债权；管理人依法解除合同造成合同相对方经济损失，因此产生的债权；票据的出票人破产但票据的付款人已经付款或承兑的，对此产生的请求权。

第 66 问：破产债权申报期限如何确定?

根据《企业破产法》的相关规定，破产债权的申报期限自发布公告之日起计算，最短不得低于三十天，最长不得超过三个月。具体申报期限由受理破产申请的人民法院视情况予以确定。

在申报期限内如遇特殊情况致使申报工作无法顺利进行，管理人可以向人民法院提出延期申请，具体是否延期由人民法院决定，待延期决定作出之后应当及时通知并予以公告。

尤其是近两年来新冠肺炎疫情的影响导致债权申报工作无法正常进行，以至于产生部分债权人逾期申报的结果。对此在《最高人民法院关于依法妥善审理涉新冠肺炎疫情民事案件若干问题的指导意见（二）》第二十一条中规定：破产案件债权申报工作中受到新冠疫情防控政策影响的，可以根据具体情况适用法定最长期限。部分地方法院针对这类问题做出了相应处理，申报期限即将届满的案件可以视情况在法定最长期限内进行延期。

需要注意的是，确因特殊情况导致申报期限需要延期的，也应当在《企业破产法》规定的最长期限内进行延期，申报期限不得超过三个月，具体的申报期限最终还是需要由受理法院作出决定。

第 67 问：破产案件中，如何通知已知债权人申报债权？

根据我国现行的相关法律规定，通知已知债权人的主体为审理破产案件的人民法院，其应当在裁定受理破产申请之日起二十五日内对已知债权人进行通知并发布公告。但是在实务过程中，基于破产管理人勤勉尽责的义务，通知已知债权人一般由管理人协助法院进行。管理人需要查明已知债权人并确定其通信地址和联系方式，然后对其进行通知。

实务中一个首要的难点就在于如何界定"已知债权人"的范围。这个问题并没有直接的法律法规，仅在部分地方法院出台的办理破产案件的工作指引中有所提及。主要是通过债务人提供的债权清册、财务账册和审计报告等财务资料以及本案相关卷宗来获取大部分债权人的信息，同时对于这部分债权人还需具备有效的通信地址或联系方式来进行通知，无法与债权人取得联系的一般不视为已知债权人。

对债权人信息的收集，除了公司提交的财务资料记载以外，还可通过交接的合同档案等材料进行查漏补缺，也可通过法院协助查询与债务人有关的诉讼、执行情况，判断是否有遗漏的债权人信息。

对已知债权人通知可以采用书面通知或者以电子方式通知，也可以采用口头通知的方式。但是为了防范管理人的履职风险，最好采用书面或电子邮件、短信等电子送达[①]方式进行通知，同时对于通知工作中的相关记录要做好存档保管，以免日后因申报问题产生纠纷。

关于通知的内容包括但不限于受理破产申请裁定书等法律文书、申报须知、申报表格等内容，还可以适当增加一些介绍破产程序的材料，以便更好推进破产程序的进行。

---

① 《最高人民法院关于适用〈中华人民共和国民事诉讼法〉的解释》第一百三十五条第一款规定："电子送达可以采用传真、电子邮件、移动通信等即时收悉的特定系统作为送达媒介。"

第 68 问：债权申报时应当提交哪些文件材料？

债权人申报债权时，应提供以下债权申报材料：

1. 债权申报表、申报文件清单、送达地址及银行账户确认书等申报表单，这类材料一般由管理人处提供。

2. 证明申报人主体资格的材料

（1）申报人为自然人的，应提交申报人身份证等个人有效证件复印件。

（2）申报人为法人或者非法人组织的，应当提交营业执照复印件、授权委托书、法定代表人或负责人身份证明书及其身份证复印件。

（3）申报人委托代理人进行申报的，除提供上述材料外，还需提交授权委托书、代理人身份证复印件等书面代理手续。①代理人为律师的，应当提交律师事务所函、律师执业证复印件。②代理人为自然人，系申报人近亲属的，应提供结婚证、户口簿等能够证明近亲属关系的材料原件、复印件及代理人身份证复印件。③除以上委托代理人身份之外的人员代为申报的，为确保真实性，应提交经公证处公证或律师事务所见证的授权委托书。

3. 证明债权发生的事实和债权金额的证据材料

（1）相关协议、收据、银行流水、发票、付款凭证等材料；

（2）若所申报债权有担保的，需书面说明是否属于连带债权，应提交抵押合同、质押合同或保证合同及相关登记文件；

（3）若所申报债权已进入诉讼、仲裁或执行程序的，需提交与之相关的文件（包括但不限于起诉状、仲裁申请书、受理案件通知书、财产保全裁定书、判决书、裁决书、调解书、法院执行立案通知书及执行裁定等，生效的判决书、裁定书、调解书、仲裁裁决书、仲裁调解书应提交生效文书制作机关出具的生效证明原件）；

（4）若所申报债权系受让取得的，需提交受让债权的相关材料。

第 69 问：债权人死亡后，其继承人如何申报债权？

破产债权作为以财产给付为内容的请求权，是自然人的合法财产，其继承人可以依法继承其债权并向债务人主张权利。

继承人申报该笔债权应及时做好相关文件的准备工作，在债权人死亡后及时办理继承权公证。如存在债权人生前所立的有效遗嘱，则在办理好公证后由指定的继承人携带债权人的死亡证明、债权人所立遗嘱、公证书及其他需要提交的文件办理债权申报事宜。如不存在遗嘱，则按照法定顺序继承由全体继承人共同进行申报，但是管理人不能确定法定继承人的范围。因此，需要对债权的继承问题进行公证或者通过诉讼的方式进行确认，债权人的继承人携带已生效的公证书、判决书等法律文书才能进行申报。

由于该类债权的继承可能涉及多个继承人，管理人很难判断当事人是否属于法定继承人或遗嘱指定继承人，也无法判断是否存在其他被遗漏的债权人。因此，在接收此类债权申报时，应注重防范履职风险，着重审查其提交材料的真实性，确保不因疏忽大意而损害其他合法继承人的权益，从而引起不必要的纠纷。

第 70 问：未按《企业破产法》申报债权的法律后果有哪些？

《企业破产法》第四十八条第一款规定了债权人应当在人民法院确定的债权申报期限内申报债权。第五十六条第一款规定："在人民法院确定的债权申报期限内，债权人未申报债权的，可以在破产财产最后分配前补充申报；但是，此前已进行的分配，不再对其补充分配。为审查和确认补充申报债权的费用，由补充申报人承担。"未按照《企业破产法》规定申报债权主要有以下后果。

一、若债权人未在规定的债权申报期限内申报债权，而后在破产财产最后分配前补充申报的，需要承担因审查和确认补充申报债权所产生的费用。同时，对于补充申报之前已经分配的财产不再对其补充分配，补充申报的债权人权益可能会受损。

二、不得依据《企业破产法》的规定行使权利，包括参加债权人会议权、投票表决权、异议权等权利。

三、重整计划经法院裁定批准后，对债务人及全体债权人均有约束力，未按照《企业破产法》规定申报债权的，在重整计划期间不能行使权利。

第 71 问：房地产企业破产案件中，如何防范余债风险及未申报债权的权利如何救济？

《企业破产法》第九十二条第二款规定：“债权人未依照本法规定申报债权的，在重整计划执行期间不得行使权利；在重整计划执行完毕后，可以按照重整计划规定的同类债权的清偿条件行使权利。”由此给债务人和投资人带来的风险，称为余债风险。

实务中债务人或重整投资人经常采用的防范余债风险的措施有以下几种：

一、重整计划中约定预留清偿资金模式。即在重整计划中明确，债务人按照同类债权的清偿标准为可能出现的未申报债权预留部分偿债资金，没有依据《企业破产法》第五十六条规定，之前已进行的分配，不再对其用该部分资金补充分配。这是对未申报债权使用预留偿债资金进行分配时需要注意的。但是该种模式会损害已申报债权人的利益，预留偿债资金比例越高，已申报债权的清偿比例就会越低。此外，该种模式有一定的局限性，如果管理人无法预估未申报债权的数额，可能就无法预留相应资金。

二、选择重整模式，隔离余债风险。出售式重整模式主要是将债务人的优质资产出售至投资人，将出售优质资产所得价款作为债务人的偿债资金进行分配，不保留壳资源的重整方式。由此可见，出售式重整模式的一大特征是原债务人主体资格的消灭。重整计划执行完毕后，未申报债权的债权人因债务人主体资格消灭，而丧失了债权指向的对象。该种模式是一种有效隔离余债风险的模式。另外，共益债投资模式也是一种能够隔离余债风险的模式，只是有一定的适用局限性，该种模式只能隔离投资人余债风险，但是不能隔离债务人余债风险。

三、通过重整计划排除未申报债权模式。在重整计划中直接约定“因自身原因，债权人未依照《企业破产法》规定申报债权的，除在重整计划执行期间不得行使权利外，亦不得根据《企业破产法》第九十二条第二款规定行使权利”。因此，可以通过重整计划对未申报债权的债权人权利给予限制，防止其滥用权利，在重整计划执行完毕后，给投资人及债务人造成损失。

四、“法律不保护躺在法律上睡觉的人”，对逾期申报有过错的债权人，债务人根据《企业破产法》第九十二条第二款规定，可以拒绝给予清偿。债务人根据债权人未申报债权的过错程度，判断是否按照重整计划规定的同类债权的清偿条件给予清偿。只有债权人对未申报债权这一法律事实没有过错的前提下，才适用《企业破产法》第九十二条的规定进行分配。对于不具有正当理由而未申报债权的债权人而言，应优先适用余债免除规则，不再对其进行清偿。

对于未申报债权的权利救济，在目前法律框架下，债权人在重整计划执行完毕后，依据《企业破产法》第九十二条第二款规定行使权利，是具有一定难度的。但是，未申报债权的债权人可以尝试通过向人民法院提起给付之诉，寻求债务得到清偿。当然，这种尝试也仅是在债务人主体未灭失的前提下才可以进行。至于是否可以通过该种方式得以清偿，目前，尚未找到相关案例。

第 72 问：破产案件中如何保护企业职工权益？

《企业破产法》对职工债权建立了特殊的保护制度。在债权申报阶段，职工债权无须申报，而是由债务人提供职工名册。根据《企业破产法》第四十八条第二款规定，债务人所欠职工的工资和医疗、伤残补助、抚恤费用，所欠的应当划入职工个人账户的基本养老保险、基本医疗保险费用，以及法律、行政法规规定应当支付给职工的补偿金，不必申报。在清偿顺序方面，职工债权处于优先地位。根据《企业破产法》第一百一十三条规定，破产财产在优先清偿破产费用和共益债务后，优先给付破产人所欠职工的工资和医疗、伤残补助、抚恤费用，所欠的应当划入职工个人账户的基本养老保险、基本医疗保险费用，以及法律、行政法规规定应当支付给职工的补偿金。

《企业破产法》第一百三十二条规定了别除权适用的例外："本法施行后，破产人在本法公布之日前所欠职工的工资和医疗、伤残补助、抚恤费用，所欠的应当划入职工个人账户的基本养老保险、基本医疗保险费用，以及法律、行政法规规定应当支付给职工的补偿金，依照本法第一百一十三条的规定清偿后不足以清偿的部分，以本法第一百零九条规定的特定财产优先于对该特定财产享有担保权的权利人受偿。"依据上述法律规定，在《企业破产法》公布之日前的职工债权清偿不足的部分优先于对特定财产享有担保权的权利人受偿，但是在《企业破产法》公布之日后的职工债权清偿不足的部分不享有优先于对特定财产享有担保权的权利人受偿。

第 73 问：房地产企业破产案件中，拖欠建筑工人的工资如何处理？

参照《最高人民法院关于审理企业破产案件若干问题的规定》第五十七条的规定，债务人所欠非正式职工（含短期劳动工）的劳动报酬，参照企业破产法第三十七条第二款第一项规定的顺序清偿。实践中，诸多法院的裁判观点倾向于将建筑工人工资认定为“非正式职工（含短期劳动工）的劳动报酬”，参照职工债权在破产程序中予以清偿。另外，部分法院则以建筑工人与破产企业是否存在直接的劳动管理及人员隶属关系判断是否符合劳动关系的基本特征，进而对建筑工人工资能否认定为职工债权作出结论。

在房地产企业破产案件中，为保障民生与社会稳定，针对拖欠职工或建筑工人工资的情况，可能会采取由第三方垫付的方式解决。针对第三方垫付所产生债权的清偿方式，可以依据《全国法院破产审判工作会议纪要》第二十七条规定：“企业破产与职工权益保护。破产程序中要依法妥善处理劳动关系，推动完善职工欠薪保障机制，依法保护职工生存权。由第三方垫付的职工债权，原则上按照垫付的职工债权性质进行清偿；由欠薪保障基金垫付的，应按照企业破产法第一百一十三条第一款第二项的顺序清偿。债务人欠缴的住房公积金，按照债务人拖欠的职工工资性质清偿。”第三方垫付的职工或建筑工人工资，可以参照职工债权清偿。

第 74 问：破产案件中解除合同的损害赔偿请求权的范围是什么？

《企业破产法》第十八条规定赋予了管理人能够对受理破产申请以前成立但未履行完毕的合同享有决定是否解除的权利。同时第五十三条规定管理人或者债务人依照《企业破产法》规定解除合同的，对方当事人以因合同解除所产生的损害赔偿请求权申报债权，赋予了解除合同相对方就其损害赔偿请求权申报债权的权利。因此被解除合同的相对方所受到的损失可以此申报债权，并享有相关权利。

但是在实务操作中，由于各方对于因解除合同产生的损害赔偿请求权的赔偿范围有着不同的认知，也经常产生争端。根据《最高人民法院关于审理企业破产案件若干问题的规定》第五十五条规定，当管理人解除合同后，相对方依法或依合同约定而产生的可以用货币计算的债权属于破产财产，但该项债权的计算应当以其实际损失为计算原则，违约金或者其全部可得利益损失赔偿不在破产债权范围内。这是因为破产制度设立的目的是减轻破产企业的债务负担，以便于向全体债权人公平清偿。若是因管理人解除合同后，相对方可以就其全部可得利益损失进行申报且参与清偿，对于其他各类债权人就无法达到公平清偿的目的。

因此，针对该类债权人，其申报金额的计算应当以其实际损失为原则，而可得利益损失则不应包含在解除待履行合同损害赔偿请求权范围之内，也不应向管理人申报债权。但是也有例外，如果在进入破产程序之前债务人就已经存在违约行为并导致了相对方的损失，债务人应当就其违约行为承担赔偿责任，合同相对方可以就债务人对其赔偿责任来进行债权申报。

第 75 问：破产案件中，管理人如何审查债权？

从《企业破产法》第五十七条[①]规定可以看出，管理人具有两个职责：对债权人申报的债权登记造册和编制债权表。债权的登记造册，就是管理人依据债权人的债权申报材料登记、编号、存档；管理人编制债权表，不能纯粹地按照债权人申报材料编制，要根据债权人的申报材料首先编制债权登记表。编制债权登记表的时候完成对债权材料的形式审查，发现有不符合管理人要求提交债权申报材料的可以告知债权人补充提交。

然后管理人以债权登记表为基础结合审计、造价等第三方机构的专业数据对债权人的每笔债权逐一进行实质审查。它要求管理人对登记造册的申报材料进行调查、分析和判断，将审查的判断结论编入债权表中。

管理人对申报债权进行形式和实质的审查后，应当编制债权表，债权表可分应予认定的债权和待定债权两类。债权表作为将由人民法院直接裁定确认的依据，其内容应当完整、具体，应当包括申报债权是否可予确认，可确认的数额、性质以及有无担保等事项。

管理人对破产债权的审查是整个破产债权审查确认程序的初始阶段，所以管理人对破产债权的审查权不是绝对的。债权表记载的事项还要经债权人会议核查及人民法院最终确认。《企业破产法》第五十八条规定，管理人编制的债权表，应当提交第一次债权人会议进行核查。债权人、债务人对债权表记载的债权无异议，由人民法院最终通过裁定的形式予以确认。债权人、债务人对债权表记载的债权有异议，可以向受理破产案件的人民法院提起确认债权之诉。所以，管理人编制债权表登记债权情况不是确权行为，只有由人民法院作出裁定的确认行为才是最终的确权行为，或人民法院对确认债权作出裁判的行为才是确权行为。

---

① 《企业破产法》第五十七条："管理人收到债权申报材料后，应当登记造册，对申报的债权进行审查，并编制债权表。债权表和债权申报材料由管理人保存，供利害关系人查阅。"

第 76 问：房地产企业破产案件中，回迁安置债权如何认定？

我国法律并没有明确规定“回迁安置债权”，其申报是基于原有房屋等被征收拆迁而获得拆迁安置权利，其权利载体即为《×××改造房屋拆迁产权调换协议书》。回迁安置债权人是通过让渡个人利益给公共需要从而获得对房屋所有权的期待利益，本质上属于以物易物[①]。那么，回迁安置权的性质为何呢？（2017）最高法民申 691 号[②]民事裁定书所确定裁判规则显示：“被拆迁人对该特定房屋的债权视为一种特种债权，赋予物权的优先效力，称为特种债权优先权，也就是债权物权化。”实践中，很多产权调换协议中对安置房屋的户型、面积、安置面积置换标准、搬家费、过渡费、是否需要补差价等做了详细约定，这本身就是债权进行物权客体特定化的过程。但这并不意味着回迁户就因此取得某一房屋的物权。在开发房屋没有办理产权证之前，其所有权属于房地产开发公司。

但是，回迁安置权性质确定的法律基础是 2003 年 6 月 1 日实施的《最高人民法院关于审理商品房买卖合同纠纷案件适用法律若干问题的解释》第七条第一款规定：“拆迁人与被拆迁人按照所有权调换形式订立拆迁补偿安置协议，明确约定拆迁人以位置、用途特定的房屋对被拆迁人予以补偿安置，如果拆迁人将该补偿安置房屋另行出卖给第三人，被拆迁人请求优先取得补偿安置房屋的，应予支持。”尽管该法条已在 2020 年修正时被删除，但不能就此动摇回迁户超级优先权的地位，主要原因如下：

一、从《企业破产法》立法本意来看，第一条[③]明确规定了制定《企业破产法》的目的包括“公平清理债权债务”，而国务院颁布的《国有土地上房屋

---

① 刘辉、刘发斌：《安置户、消费者购房人、抵押权人破产程序中权益综合平衡》，载《法制与社会》2020 年第 16 期，第 61 页。

② 最高人民法院：成都 GQJC 房地产开发有限公司、成都市某区房产管理局物权确认纠纷再审审查与审判监督民事裁定书。

③ 《企业破产法》第一条规定：“为规范企业破产程序，公平清理债权债务，保护债权人和债务人的合法权益，维护社会主义市场经济秩序，制定本法。”

征收与补偿条例》第二条[①]也明确规定“应当对被征收房屋所有权人（以下称被征收人）给予公平补偿”，如果无法保障回迁安置债权人的超级优先权地位，其获得公平的清偿将沦为空谈。

二、回迁安置债权的发生时间，在房地产企业破产重整案的所有种类债权中最早。回迁户所让渡的房屋所有权、土地使用权，是房地产项目得以进入正式开发进程的基础，且实践中建设、销售时也多与消费性购房分割开来，故赋予其超级优先权保护不会减损其他债权人利益，并无不当。

三、因回迁户原有房屋已拆除，《×××改造房屋拆迁产权调换协议书》的签署将其安置房屋予以特定化，已经形成了期待权利益，如果无法优先保障回迁户利益，不仅会严重影响回迁户的生存权，而且也会滋生一系列社会不稳定因素。

因此，各地实践中主流做法就是，回迁类债权人享有超级优先权，优先于消费性购房。例如，昆明市中院将拆迁人和被征收安置人的债权请求权列为第一清偿顺位[②]，《辽宁省高级人民法院关于审理房地产开发企业破产案件有关问题的若干意见（试行）》中规定[③]，被拆迁人和被征收安置人对调换房屋所享有的优先权高于消费购房者。

如果房地产企业与回迁类债权人签订的《×××改造房屋拆迁产权调换协议书》约定的回迁安置面积超出地方政府规定的法定安置标准部分，应如何处理呢？根据《国有土地上房屋征收与补偿条例》第十七条第二款规定：“市、县级人民政府应当制定补助和奖励办法，对被征收人给予补助和奖励。”因此各地会结合本地实际制定具体的补偿标准，超出法定部分不享有超级优

---

① 《国有土地上房屋征收与补偿条例》第二条规定：“为了公共利益的需要，征收国有土地上单位、个人的房屋，应当对被征收房屋所有权人（以下称被征收人）给予公平补偿。”

② 《昆明市中级人民法院关于规范全市法院房地产企业破产案件审理相关问题的指引（试行）》第二十八条规定：“鉴于目前法律法规中未对优先权作出系统性的规范，优先权规定分散于不同的部门法及司法解释之中，通过整理相关法律、司法解释规定，目前房地产企业破产案件中普遍存在并享有优先权的债权在破产程序中原则上应当参照如下顺序清偿：（1）被拆迁人和被征收安置人的债权请求权；（2）交付了全部或大部分购房款的消费购房者的债权请求权；（3）具有优先受偿权的建设工程价款；（4）抵押权、质押权、留置权等担保物权、预告登记对应的债权请求权及其他可适用别除权的权利。”

③ 《辽宁省高级人民法院关于审理房地产开发企业破产案件有关问题的若干意见（试行）》第十四条规定：“以所有权调换形式安置的被拆迁人和被征收安置人，其对调换的房屋所享有的优先权高于房屋的买受人，包括消费购房者。”

先权，可参照消费性购房等适当进行债权调整，予以清偿。例如，《河北省国有土地上房屋征收与补偿实施办法》第十六条第一款[①]第二项规定，征收个人住宅，调换后超过部分被征收人按房地产市场价格结清差价。实践中，笔者律师团队承办的某太房地产开发有限公司、某祥房地产开发有限公司破产重整案，重整计划就参照《河北省国有土地上房屋征收与补偿实施办法》《邯郸市国有土地上房屋征收与补偿暂行办法》《河北省城市房屋拆迁管理实施办法》《邯郸市城市房屋拆迁管理实施细则》等相关规定，根据债务资产负债情况，制定了回迁安置清偿方案，在确保法定回迁安置标准基础上确定了补偿比例，并对超出法定安置面积的大小分段以不同的价格补交房款，最高补款档次为评估机构确定的项目住宅市场价格。这种清偿方式，既考虑到了回迁安置债权的特殊性，又平衡了与其他类型债权之间的关系，贯彻了合法、合理、公平的原则，取得了良好的社会效果。

① 《河北省国有土地上房屋征收与补偿实施办法》第十六条第一款规定："征收个人住宅，被征收人符合城镇住房保障条件的，作出房屋征收决定的设区的市、县（市、区）人民政府应当按下列原则优先给予住房保障：……（二）实行产权调换的，依据房地产市场评估价格确定被征收住房的补偿价格，再调换住房，但调换后的住房总建筑面积不得小于三十平方米，属于低收入家庭且住房总建筑面积不足三十平方米的，调换后的住房三十平方米以内部分，被征收人不需支付房款，超过部分被征收人按房地产市场价格结清差价。"

第 77 问：房地产企业破产案件中，消费性购房债权如何认定？

房地产企业破产重整案中，购房者是申报债权中人数最多的群体，尤其是法律确定了消费性购房的优先权地位，但并非只要是购房就是消费性购房，参照《最高人民法院关于人民法院办理执行异议和复议案件若干问题的规定》第二十九条、《全国法院民商事审判工作会议纪要》第一百二十五条规定，应同时满足三个条件。

一、在法院查封前已订立合法、有效的书面买卖合同。首先，如何判断查封与签订合同时间的先后。由（2020）最高法民申 5058 号[①]裁定书等裁判案例可知，同一房屋可能面临多轮查封，应以案外人提出执行异议所针对的执行行为为基准，故此处的“查封”应既包括首封，也包括轮候。其次，买卖合同要合法、有效且书面，并不局限于是否网签备案、是否订立正式商品房预售合同。

二、所购商品房是为了居住，且买受人名下无其他居住用房屋。首先，明确了消费者购买商品房目的是居住，因此排除了投资经营行为。其次，购房者名下没有其他用于居住的房屋。针对此，各地法院审判标准不一。《全国法院民商事审判工作会议纪要》第一百二十五条第二款予以细化明确，地域上限制在“同一设区的市或者县级市范围内”，或已有一套房，购房面积上限定为“满足基本居住需要”。

三、已支付价款超过或接近合同约定总价的 50%。首先，支付价款达到规定比例的时间，对此法条没有明确规定，实务中以法院查封的时间为分界点。其次，按照《全国法院民商事审判工作会议纪要》第一百二十五条第三款规定，支付的价款接近 50%，且剩余价款已按合同约定将支付的，也符合《最高人民法院关于人民法院办理执行异议和复议案件若干问题的规定》的精神。

① 最高人民法院：新疆 RC 通远投资有限公司、刘某青再审审查与审判监督民事裁定书。

实务中，有债权人贷款购买首套房，已签订正式预售合同，并办理按揭、还款，意味着所有购房款已进入企业账户，为已付清全部房款，应认定为消费性购房，当然享有优先权。还有观点认为，应将消费性购房的主体限定为自然人。但实务中情况错综复杂，如果符合上述三个条件，可考虑将适用范围扩大到企业为职工福利购房。

此外，还有一个问题需要注意，购买商铺应该如何认定呢？能否认定为消费性住房呢？《最高人民法院关于人民法院办理执行异议和复议案件若干问题的规定》第二十九条规定消费性购房目的是居住。《最高人民法院执行工作办公室关于〈最高人民法院关于建设工程价数优先受偿权问题的批复〉中有关消费者权利应优先保护的规定应如何理解的答复》明确指出，“不是用于经营，不作扩大解释”。实务裁判案例也多认为购买商铺不属于消费性购房。但也有相反的案例，（2019）冀09民终2551号[①]判决认为：“《批复》未将购买商业用途商品房的情形排除在外，且实务中债权人会议对绝大部分全款购买商业门市的购房者房款，已认定为优先债权。”

结合法律规定及实践案例，购买商铺等商业地产的债权人应区分情况对待。首先，对于全款或支付大部分款项购买商业用房、为居住而购买商住两用公寓、无其他住房仅购买一套商铺的消费者，从维护社会稳定和生存权的角度出发，也可认定为消费性购房；其次，如果购买商业用房存在分期返租等情况的，应认定为借款按普通债权对待。

① 沧州市中级人民法院：某银行股份有限公司某支行、某市BH房地产开发有限公司破产债权确认纠纷二审民事判决书。

第 78 问：房地产企业破产案件中，消费性购房债权的权利差异是什么？

实务操作中，即使被确认为消费性购房，也可能存在多种情况，经过梳理，大致存在以下几种情形：

类型一：支付全部或大部分房款未登记未交付者

这种类型应根据不同的情况来进行分析：首先，如果在建工程尚不具备交付、登记条件，此时主张取回权，并不利于权利的保护，可以通过申报债权获得消费性购房的优先受偿权；其次，如果在建工程在法院受理破产重整前已具备交付、登记条件，消费性购房者可要求管理人配合其办理产权登记并交付房屋。此时，这种情况可以视为不属于个别清偿。（2015）民申字第 1158 号[①]裁定认为，认定个别清偿行为不发生法律效力的关键在于该行为损害了其他破产债权人的合法权益。消费者交付了全部或者大部分购房款后，已将所购房屋特定化且具有优先性，这一债权的实现不会损害其他破产债权人的合法权益，不属于无效的个别清偿行为。由此可知，这种情况下，管理人可以继续履行合同，并按约定将房屋交付给购房者并协助其办理房屋产权登记。根据《民法典》第二百零八条规定，不动产物权的设立、变更、转让和消灭，应当依照法律规定登记。实践中，亦有根据上述规定，以物权法定原则为由，将上述房屋纳入破产财产进行处置的现象。

类型二：已办理预售备案登记者

预售备案登记又称为“网签”，是一种“不具有物权公示意义的行政登记行为”，主要目的是保证商品房交易的顺利实现。（2020）最高法民申 3890

① 最高人民法院：北京某某房地产开发有限公司、杨某物权确认纠纷申请再审民事裁定书。

号[①]、(2020)最高法民申3815号[②]等裁定认为，网签手续不发生物权变动效力，房地产企业的破产申请被法院受理后，购房者要求继续履行商品房买卖合同并办理产权登记手续，属于个别清偿行为。此种情况，管理人可以根据具体审查判断来决定是否行使解除权。

类型三：已办理预告登记者

预告登记制度具有准物权属性，其目的是期待将来物权之取得，性质上属于债权行为的物权化，既能够排除在后的物权，又具备对抗管理人解除权和其他优先受偿权的破产保护效力。但是，根据（2020）最高法民申6469号[③]裁定，进入破产重整程序时，案涉房屋未竣工验收，不符合进行交付并办理产权登记的条件，如果允许交付案涉房产将对整个破产重整计划的实施产生重大不利影响，加之预告登记行为发生在法院受理破产申请前六个月内，因商品房买卖合同的解除而失去法律效力。因此，如果房屋不具备交付条件、预告登记时间在破产申请前六个月内两个要素，可以排除预告登记的破产保护效力。

① 最高人民法院：马某某、日照市宏某房地产开发有限公司与破产有关的纠纷再审审查与审判监督民事裁定书。

② 最高人民法院：于某某、威海广某房地产开发有限责任公司破产债权确认纠纷再审审查与审判监督民事裁定书。

③ 最高人民法院：张某某、威海广某房地产开发有限责任公司破产债权确认纠纷再审审查与审判监督民事裁定书。

第 79 问：房地产企业破产案件中，因“停贷”解除商品房买卖合同的购房者是否仍享有优先权？

最近一段时间，面对房屋迟迟不交付、贷款却仍需偿还的困局，全国各地出现了购房者联合“停贷”事件。如果消费性购房者通过“双解除”（解除《商品房买卖合同》和《抵押贷款合同》）获得停止还贷款的权利，是否还能在破产程序中享有优先地位？针对此，可以按不同的时间节点进行分析：

一、如果是房地产企业进入破产程序前贷款购房者解除合同，即使停贷只是手段、最终目的是取得房屋，因其已经丧失特定商品房主张依据，当然不能享有优先权，只能就合同价款的返还申报普通债权获得受偿。例如，（2016）浙民申 1607 号[①]判决书认为：开发商破产前已经解除购房合同的，因合同解除享有的购房款债权已无特定的商品房相对应，开发商破产后，购房人的购房款债权为普通债权，无权主张优先受偿。

二、如果是房地产企业进入破产程序后贷款购房者解除合同，如果经过认定其符合消费性购房的条件，其对房屋价款的返还可享有优先权，这样既可保证公平清偿，也可保护消费性购房者的生存权。

由上述分析可知，无论破产前还是破产后，解除了《商品房买卖合同》的购房者，最终均将无法得到房子。而购房按揭贷款事实上是一个三方关系，《商品房买卖合同》解除后，与银行的《抵押贷款合同》因其合同目的已无法实现，我国法律也予以支持[②]。但是，如果未经法定程序解除合同而擅自“停贷”，则属于违约行为，不仅仍需要支付贷款本息，也需支付罚息、违约金、

---

① 宁波某房地产开发有限公司与宁波某旅游置业有限公司破产债权确认纠纷申诉、申请民事裁定书。

② 《最高人民法院关于审理商品房买卖合同纠纷案件适用法律若干问题的解释》第二十条规定：“因商品房买卖合同被确认无效或者被撤销、解除，致使商品房担保贷款合同的目的无法实现，当事人请求解除商品房担保贷款合同的，应予支持。”

律师费等费用，并会产生不良信用记录从而被列入央行的征信系统“黑名单”，对购房者的生活产生一定的影响。所以，盲目跟风“停贷”的做法风险较大，并不是解决问题的正确途径。

第 80 问：房地产企业破产案件中，保障性住房债权如何处理？

《廉租住房保障办法》第十四条第三款规定："配套建设廉租住房的经济适用住房或者普通商品住房项目，应当在用地规划、国有土地划拨决定书或者国有土地使用权出让合同中，明确配套建设的廉租住房总建筑面积、套数、布局、套型以及建成后的移交或回购等事项。"房地产企业建设的保障性住房根据其移交方式的不同，可以将其分为建成后无偿移交与建成后由政府低价回购两大类，这里仅探讨建成后无偿移交给政府的保障性住房。保障性住房未配建完成，房地产企业进入破产程序，一般是由当地的保障性住房管理中心向管理人申报债权，其债权性质在实践中存在两种观点。

一、保障性住房债权系普通债权

第一，法律并未规定保障性住房债权系优先债权。破产程序中，债权性质应当由法律进行规定，没有明确规定为优先债权的，均应当按照普通债权进行处理。保障房债权不属于《企业破产法》第一百一十三条规定的破产费用、共益债务、对债务人特定财产享有担保物权、职工债权、税款债权、社保债权，因此只能作为普通债权清偿。

第二，《全国法院破产审判工作会议纪要》第二十八条规定，破产债权的清偿原则和顺序规定，对于法律没有明确规定清偿顺序的债权，人民法院可以按照人身损害赔偿债权优先于财产性债权、私法债权优先于公法债权、补偿性债权优先于惩罚性债权的原则合理确定清偿顺序。保障房债权属于公法债权，因此，根据该原则，保障房债权应劣后于私法债权，认定为普通债权。

二、保障性住房债权系优先债权

保障性住房是针对城市中低收入人群，具有保障民生的作用，从维护居住权的角度考虑，保障性住房债权不能认定为公法债权。保障性住房具有政策性，各地政府针对保障性住房作出了相关规定，例如，北京市住房和城乡建设委员会、北京市发展和改革委员会、北京市财政局、北京市规划和自然资源委员会四部门发布的《关于进一步规范本市新供住宅项目配建公租房、保障性租赁住房工作的通知》中，明确规定了建设单位违反本通知规定和配建协议约定，不配建或少配建、未按照质量和进度要求配建、不按时交付或延期交付、违规宣传或不如实告知配建住房情况的，回购机构应依据回购协议追究建设单位违约责任，住房城乡建设部门应责令建设单位限期改正。市住房城乡建设部门可同时致函市规划自然资源部门，建议暂停建设单位及其股东公司一定期限内参与本市土地市场竞拍活动。因此，在破产程序中，保障性住房债权可以参照税款债权，作为优先债权进行处理。

此外，对于保障性住房债权所主张的违约金、罚款等费用，其产生于进入破产程序之前，依法作为劣后债权处理。

第 81 问：房地产企业破产案件中，“以物抵债”问题如何处理？

房地产企业存在以自身开发商品房抵顶民间借贷、其他材料供应商货款等情况。一旦房地产企业进入破产重整程序，借款人、供应商往往持所签订的购房合同，要求管理人认定为消费性购房或交付房屋。但这种债权实质上属于以物抵债。在最高人民法院及各地方法院的审判实践中，多数按照普通债权处理，例如（2020）最高法民申 4108 号、（2020）最高法民申 6460 号等裁定认为，当事人与房地产企业之间的借款行为、购房行为，存在关联，属于以物抵债协议，没有实际支付对价，不能优先于其他债权。

此外，各地高级人民法院所出台审理破产案件的规程，也主张以基础法律关系对此类债权进行认定。例如《河北省高级人民法院破产案件审理规程（试行）》第一百零一条[①]。在笔者律师团队承办的某聚房地产开发有限公司、某荣房地产开发有限公司、某祥房地产开发有限公司等破产重整案也多是回归基础法律关系来进行认定。但是，实践中有下列几种情况应予以注意。

一、所抵债房屋已经办理了商品房预售备案，债权人以正式商品房买卖合同申报消费性购房债权。在这种情况下，要认定为消费性购房吗？显然不能。这里要明确的一个基本规则是，在开发房屋未办理正式产权证之前，所有权归于房地产开发企业，仍属于债务人财产。如第 76 问所述，备案并不能改变房屋的权属性质，管理人有权向相关政府部门申请撤销该备案合同，但以房抵债协议依然有效，将抵债房屋回归基础法律关系认定。

二、以房抵债债权人在本地无住房，本债权抵顶了多套住房或仅抵顶一套住房，是否可以将该住房认定为消费性购房？答案是不能。原因在于以房抵债协议仅仅是债务清偿合同，不具备债务担保的性质。由于消费性购房的清偿顺序优先于对特定财产享有担保的债权，若因此而将其认定为消费性购

① 《河北省高级人民法院破产案件审理规程（试行）》第一百零一条：“……管理人经审查存在虚假按揭、以房抵债、设定让与担保等情形的，人民法院应按基础法律关系的性质认定债权。”

房，就意味着以物抵债获得了优先于担保的效力，既不符合法律规定，又侵害其他债权人利益，有违公平清偿原则。

三、以房抵债的业主将商品房转卖给第三人的情形。根据前文分析可知，业主对此套房屋的权利应根据借款或合同等基础法律关系认定为普通债权，不能认定为消费性购房。那么，第三人如对属于抵债房的事实善意不知情，能否成为抗辩事由？实务中相关判决对此也未支持。(2019)鲁民终2450号判决认为：以房抵债债权人将该房转让给善意第三人，并与第三人签订合同书、结算款项，且配合第三人与房地产公司签订的预售合同，仅系第三人、房地产公司为履行第三人与债权人之间的合同书而订立，没有设定新的权利义务。债权人不是房地产经营者，且第三人就涉案房产所享有权利来源于其与债权人之间的合同关系，并非基于消费关系，因此第三人并非一般交易中的消费者，不能主张消费者优先权。

第 82 问：房地产企业破产案件中，让与担保债权如何清偿？

根据《最高人民法院关于适用〈中华人民共和国民法典〉有关担保制度的解释》第六十八条第一款、第二款[①]和《全国法院民商事审判工作会议纪要》第七十一条[②]规定可知，我国法律承认先让与担保合同作为非典型性担保的一种，具有担保物权的优先性，但其须符合以下三个条件。

一、债权人和担保人有通过签订合同、以某一财产作为担保物的意思表示。

二、担保物所有权已经转移至债权人名下。

三、合同中“债务人到期没有清偿债务，财产归债权人所有的”流押条款无效。在符合上述三个条件的情况下，债务人到期没有清偿债务，请求对担保物拍卖、变卖、折价享有优先受偿权的，法院予以支持；请求确认担保物归其所有的，法院不予支持。

---

① 《最高人民法院关于适用〈中华人民共和国民法典〉有关担保制度的解释》第六十八条第一款、第二款规定，债务人或者第三人与债权人约定将财产形式上转移至债权人名下，债务人不履行到期债务，债权人有权对财产折价或者以拍卖、变卖该财产所得价款偿还债务的，人民法院应当认定该约定有效。当事人已经完成财产权利变动的公示，债务人不履行到期债务，债权人请求参照民法典关于担保物权的有关规定就该财产优先受偿的，人民法院应予支持。债务人或者第三人与债权人约定将财产形式上转移至债权人名下，债务人不履行到期债务，财产归债权人所有的，人民法院应当认定该约定无效，但是不影响当事人有关提供担保的意思表示的效力。当事人已经完成财产权利变动的公示，债务人不履行到期债务，债权人请求对该财产享有所有权的，人民法院不予支持；债权人请求参照民法典关于担保物权的规定对财产折价或者以拍卖、变卖该财产所得的价款优先受偿的，人民法院应予支持；债务人履行债务后请求返还财产，或者请求对财产折价或者以拍卖、变卖所得的价款清偿债务的，人民法院应予支持。

② 《全国法院民商事审判工作会议纪要》第七十一条：让与担保。债务人或者第三人与债权人订立合同，约定将财产形式上转让至债权人名下，债务人到期清偿债务，债权人将该财产返还给债务人或第三人，债务人到期没有清偿债务，债权人可以对财产拍卖、变卖、折价偿还债权的，人民法院应当认定合同有效。合同如果约定债务人到期没有清偿债务，财产归债权人所有的，人民法院应当认定该部分约定无效，但不影响合同其他部分的效力。当事人根据上述合同约定，已经完成财产权利变动的公示方式转让至债权人名下，债务人到期没有清偿债务，债权人请求确认财产归其所有的，人民法院不予支持，但债权人请求参照法律关于担保物权的规定对财产拍卖、变卖、折价优先偿还其债权的，人民法院依法予以支持。债务人因到期没有清偿债务，请求对该财产拍卖、变卖、折价偿还所欠债权人合同项下债务的，人民法院亦应依法予以支持。

在房地产企业破产案件中，债务人因融资借款、欠付工程款或材料款等情形，与债权人签订《商品房买卖合同》，这种情况下让与担保很容易与以房抵债相混淆，需要做如下区分。

一、如果双方为担保意思，且合同合法有效，并已为债权人办理了不动产权证书，那么就产生先让与担保的效力。但此种情况下，债权人也不能因此取得房屋所有权，而应属于有特定财产担保的债权人，有权对该特定房屋的拍卖、变卖、折价款优先受偿，管理人有权要求债权人配合对不动产权属进行变更。

二、如果双方仅仅签订《商品房买卖合同》，合同已备案未登记，此时不符合先让与担保条件，若管理人继续履行合同、待项目竣工验收办理产权转移，则违背了《企业破产法》禁止"个别清偿"的原则。例如（2021）最高法民申9号[①]裁判认为："在签订以房抵债协议的债务人企业破产的情况下，管理人不能解除合同，但并不意味着债权人就有权请求继续履行合同。因为一旦允许债权人请求债务人继续履行合同，并基于合同的履行享有物权，则无异于使该债权人享有了物权性质的权利，不符合破产程序公平受偿的原则。"因此，此时债权人享有的仅是普通债权，回归基础法律关系予以认定。

① 最高人民法院：董某庚、廊坊市某都房地产开发有限公司取回权纠纷民事申请再审审查案。

第 83 问：房地产企业破产案件中，建设工程债权如何认定？

一、关于建设工程价款问题。根据《最高人民法院关于审理建设工程施工合同纠纷案件适用法律问题的解释（一）》第二十九条规定，当事人在诉讼前已经对建设工程价款结算达成协议，诉讼中一方当事人申请对工程造价进行鉴定的，人民法院不予准许。因此，在审核工程款债权时，已经对建设工程价款结算达成协议的，可以依据建设工程款结算协议结算价格，认定工程总价款。如果存在结算协议不真实，侵害债权人利益等情形，可以对此工程造价结算协议进行鉴定。结算协议中的工程价款并非破产企业所欠的工程款，因破产企业存在以房抵债，直接向分包人、实际施工人、劳务提供人支付款项的行为以及分包人、实际施工人、劳务提供人、主要施工材料提供人等因承包人不能支付工程款、材料款，直接向管理人申报债权的情况。在审核工程款债权时，应考虑全面，避免重复认定工程款债权。

二、关于建设工程价款优先权认定。建设工程价款优先受偿权是指在发包人经承包人催告支付工程款后的合理期限内仍未支付工程款时，承包人享有的与发包人协议将该工程折价或者请求人民法院将该工程依法拍卖，并就该工程折价或者拍卖价款优先受偿的权利。

《最高人民法院关于审理建设工程施工合同纠纷案件适用法律问题的解释（一）》第四十条规定，承包人建设工程价款优先受偿的范围依照国务院有关行政主管部门关于建设工程价款范围的规定确定。承包人就逾期支付建设工程价款的利息、违约金、损害赔偿金等主张优先受偿的，人民法院不予支持。由此可知，建设工程价款优先权范围包括承包人为建设工程应当支付的人员报酬、材料款等实际支出的费用，不包括承包人因发包人违约所造成的损失、建筑工程价款的利息、违约金。

因此，根据《民法典》第八百零七条以及《最高人民法院关于审理建设工程施工合同纠纷案件适用法律问题的解释（一）》第三十五条和第四十一条规定，行使建设工程价款优先受偿权需要符合以下条件：（一）合同合法有效；

（二）建设工程施工已竣工或因发包人原因停建，且不属于不宜折价、拍卖的范围；（三）承包人应当在合理期限内行使建设工程价款优先受偿权，但最长不得超过十八个月，自发包人应当给付建设工程价款之日起算。符合以上条件的，应认定建设工程承包人申报的债权在建设工程可以折价、拍卖的价款范围内享有建设工程优先权。

第 84 问：房地产企业破产案件中，实际施工人是否享有建设工程款优先受偿权？

根据最高人民法院（2018）最高法民申 5741 号裁定书的观点，根据《最高人民法院关于审理建设工程施工合同纠纷案件适用法律问题的解释》[①] 第二十六条的规定，实际施工人可以突破合同相对性追究发包人的法律责任。但建设工程中的“实际施工人”是特指无效建设工程施工合同中的实际完成工程建设的承包人，即非法转包、违法分包、借用资质情形下的实际承包人。因此，实际施工人与承包人是有区别的。在房地产企业破产案件中，经常会出现违法转包、违法挂靠等行为，对于实际施工人申报的债权是否享有建设工程款优先受偿权问题，《企业破产法》以及相关司法解释并未对此作出明确规定。因此，在实践中主要有以下两种观点。

一、不享有优先权

根据《民法典》第八百零七条规定：“发包人未按照约定支付价款的，承包人可以催告发包人在合理期限内支付价款。发包人逾期不支付的，除根据建设工程的性质不宜折价、拍卖外，承包人可以与发包人协议将该工程折价，也可以请求人民法院将该工程依法拍卖。建设工程的价款就该工程折价或者拍卖的价款优先受偿。”《最高人民法院关于审理建设工程施工合同纠纷案件适用法律问题的解释（一）》第三十五条规定：“与发包人订立建设工程施工合同的承包人，依据民法典第八百零七条的规定请求其承建工程的价款就工程折价或者拍卖的价款优先受偿的，人民法院应予支持。”实际施工人不享有建

---

① 该司法解释现已失效，相关内容现规定于《最高人民法院关于审理建设工程施工合同纠纷案件适用法律问题的解释（一）》第四十三条：“实际施工人以转包人、违法分包人为被告起诉的，人民法院应当依法受理。实际施工人以发包人为被告主张权利的，人民法院应当追加转包人或者违法分包人为本案第三人，在查明发包人欠付转包人或者违法分包人建设工程价款的数额后，判决发包人在欠付建设工程价款范围内对实际施工人承担责任。”

设工程价款优先受偿权，主要有以下两点原因。

（一）实际施工人未与发包方订立合法有效的建设工程施工合同，根据合同相对性原则，实际施工人不应享有建设工程价款优先受偿权。

（二）实际施工人工程大多系转包、分包而来，其转包或分包过程未必合法，如果实际施工人享有建设工程价款优先受偿权，对实际施工人的利益给予特殊保护，是对违法转包、违法分包等行为的变相鼓励。

最高人民法院民一庭 2021 年第 21 次专业法官会议讨论认为：只有与发包人订立建设工程施工合同的承包人才享有建设工程价款优先受偿权。实际施工人不属于“与发包人订立建设工程施工合同的承包人”，不享有建设工程价款优先受偿权。① 因此，实际施工人申报的债权应当认定为普通债权。

二、享有优先权

《最高人民法院关于审理建设工程施工合同纠纷案件适用法律问题的解释（一）》第四十三条规定：“实际施工人以转包人、违法分包人为被告起诉的，人民法院应当依法受理。实际施工人以发包人为被告主张权利的，人民法院应当追加转包人或者违法分包人为本案第三人，在查明发包人欠付转包人或者违法分包人建设工程价款的数额后，判决发包人在欠付建设工程价款范围内对实际施工人承担责任。”此条规定赋予了实际施工人向发包人直接追索工程款的权利，目的是保护弱势施工人的权益，作为建工领域内规定实际施工人权利的重要法律，在破产程序中也应该适用。实际施工人在施工过程中，投入人力、物力和财力，实际施工人应该是劳务物化的享受者。因此，实际施工人应该在发包方未付工程款范围内享有优先受偿权，这与《企业破产法》公平清偿的原则相一致。

① 参见《最高法院民一庭：实际施工人不享有建设工程价款优先受偿权》，发布于最高法院民一庭微信公众号，发布日期 2022 年 4 月 8 日。

第 85 问：房地产企业破产案件中，国有土地出让金的性质如何认定？

在房地产企业破产案件中，欠付巨额国有土地出让金是影响投资人意愿的一大因素。国有土地出让金缴付的基础在于《国有土地出让合同》，虽然合同签订主体是自然资源管理部门和房地产开发企业，但根据《全国人大常委会法制工作委员会就最高人民法院提出的关于国土资源部门就解除国有土地使用权出让合同属于民事争议还是行政争议的函复》[①]可知，该合同性质属于民事合同。因此，根据《企业破产法》第十八条第二款规定，管理人有权决定继续履行该合同还是解除合同。只有在继续履行合同的情况下，才涉及缴清欠付的土地出让金，进而认定这部分费用性质的问题。

针对土地出让金的性质，实践中存在共益债务、参照税务债权、参照其他社会保险费用、普通债权等四种观点。尽管目前法律尚未对此有明确规定，但前三种观点都能使土地出让金获得优先清偿的顺位，按照第四种观点将土地出让金认定为普通债权，显然不能解决实际问题。认定国有土地出让金的性质，可以按下列情况进行区分。

一、国有土地出让金尚未支付、债务人也尚未取得国有土地使用证。这种情况下将土地出让金认定为“共益债务”更有利于推进房地产企业破产重整，其法律基础是《企业破产法》第四十二条规定，“人民法院受理破产申请后发生的下列债务，为共益债务：（一）因管理人或者债务人请求对方当事人履行双方均未履行完毕的合同所产生的债务……”

欠付土地出让金的《国有土地出让合同》属于双务合同，自然资源部门

第六章

---

① 《全国人大常委会法制工作委员会就最高人民法院提出的关于国土资源部门就解除国有土地使用权出让合同属于民事争议还是行政争议的函复》回复：在国有土地使用权出让合同履行过程中，因土地管理部门解除国有土地使用权出让合同发生的争议，宜作为民事争议处理。参见《国土资源部门解除国有土地使用权有偿出让合同属于民事争议还是属于行政争议》，载全国人大网，http://www.npc.gov.cn/npc/c724/200412/acd9d0045c254897bc7ea671e98e200f.shtml，访问日期 2004 年 12 月 25 日。

与房地产企业互负权利义务，根据《民法典》第三百四十九条规定，建设用地使用权自登记时设立，因此即使国有土地已交付开发商，仍需在其缴清全部土地出让金后办理权属证书，符合“未履行完毕的合同”的条件。共益债务在破产程序中随时清偿的特点更有利于募集资金、招募投资人，提升投资主体的积极性，提升债务人资产的运营价值，推进破产重整程序的顺利进行。

二、土地出让金已缴纳完毕并取得国有土地使用证，后期建设过程中因改变容积率、规划密度等规划条件，进入破产程序后按法律规定需要补缴的土地出让金。此时，应以破产申请受理之日为节点进行划分。

（一）补缴的土地出让金债权形成于破产申请受理之前的，可参照税款债权处理。此时，《国有土地出让合同》已经履行完毕，不符合《企业破产法》第四十一条第一项的条件。实务审判中，也有法院持此观点，例如（2021）川05民终19号判决认为：补缴土地出让金的债权发生在法院受理破产之前，不符合《企业破产法》第四十二条规定，不属于未履行完毕合同所产生债务的情形，不应当认定为共益债务。此时，为了利于重整程序推进，可参照《企业破产法》第一百一十三条第一款[①]对于税款债权的优先清偿顺位处理国有土地出让金问题。实务中，笔者律师团队承办的某太房地产开发有限公司破产重整案就是如此处理本项债权的，在重整计划中将其列为“土地税款债权组”，除依据国家法律规定可以减免部分外，予以全额清偿，相关滞纳金作为劣后债权不再清偿。

（二）补缴的土地出让金债权形成于破产申请受理之后的，认定为“共益债务”较为适宜。此时，尽管《国有土地出让合同》已经履行完毕，但该笔费用的缴纳是推进重整程序、实现债务人经营所必需的，且发生在破产申请受理之后，故参照《企业破产法》第四十二条第四项规定的“为债务人继续营业而应支付的劳动报酬和社会保险费用以及由此产生的其他债务”，认定为共益债务更为适宜。

---

① 《企业破产法》第一百一十三条第一款规定：“破产财产在优先清偿破产费用和共益债务后，依照下列顺序清偿：（一）破产人所欠职工的工资和医疗、伤残补助、抚恤费用，所欠的应当划入职工个人账户的基本养老保险、基本医疗保险费用，以及法律、行政法规规定应当支付给职工的补偿金；（二）破产人欠缴的除前项规定以外的社会保险费用和破产人所欠税款；（三）普通破产债权。”

第 86 问：房地产企业破产案件中，建设施工单位缴纳的履约保证金性质如何认定？

大型房地产项目开发建设过程中，由于涉及工程质量、合同履行等问题，建设施工单位会缴纳工程质量保证金、履约保证金，一旦房地产企业陷入破产，这些保证金性质的认定与清偿，对于管理人也是一种考验。

《建设工程质量保证金管理办法》第二条第一款对建设工程质量保证金的定义作了规定，其是指发包人与承包人在建设工程承包合同中约定，从应付的工程款中预留，用以保证承包人在缺陷责任期内对建设工程出现的缺陷进行维修的资金。第三条规定，发包人应当在招标文件中明确保证金预留、返还、预留比例、期限、逾期返还保证金的违约金支付办法及违约责任等内容；第十条规定，缺陷责任期内，承包人认真履行合同约定的责任，到期后，承包人向发包人申请返还保证金。因此，工程质量保证金仅仅是承包人对建设工程质量的一种担保，在缺陷责任期满后应返还承包人。

履约保证金的主要目的是在承包人违反合同约定的情况下弥补发包人的损失。《招标投标法》第六十条第一款规定："中标人不履行与招标人订立的合同的，履约保证金不予退还，给招标人造成的损失超过履约保证金数额的，还应当对超过部分予以赔偿……"《工程建设项目施工招标投标办法》第八十五条第一款规定，招标人不履行合同的，应返还中标人履约金，并承担相应的赔偿责任。由此可知，履约保证金属于一种金钱担保。

基于上述分析，实务中存在不同的观点。

观点一：根据《最高人民法院关于适用〈中华人民共和国民法典〉有关担保制度的解释》第七十条第一款之规定："债务人或者第三人为担保债务的履行，设立专门的保证金账户并由债权人实际控制，或者将其资金存入债权人设立的保证金账户，债权人主张就账户内的款项优先受偿的，人民法院应予支持。当事人以保证金账户内的款项浮动为由，主张实际控制该账户的债权人对账户内的款项不享有优先受偿权的，人民法院不予支持。”因此，建设施工单位的保证金属于特定化的“金钱质”，作为承包人的建设使用单位可以行使取回权[①]，但实际操作中如何取回、何时取回，需要结合建设施工合同的具体履行情况来操作。

观点二：基于货币种类物、占有即所有的特性，如果缴纳的保证金未予以明确特定化，和债务人财产混同无法做出区分，此时建设施工单位不能行使取回权，建设施工单位应予以申报债权，属于建设工程价款的一部分，享有优先受偿的地位。实务审判中，很多案例持此观点，例如（2020）皖15民终2049号、（2020）川13民终256号裁判案例。

观点三：实务中，房地产企业破产时，资金已严重困难，企业账户资产寥寥可数，且工程可能烂尾尚未竣工，建设工程施工合同尚未履行完毕，并不符合工程质量保证金与履约保证金的返还条件，若允许承包人行使取回权显然与这两种保证金的担保性质相悖。由于房地产企业多以重整续建为主，可参照《企业破产法》第四十二条第一项的规定“因管理人或者债务人请求对方当事人履行双方均未履行完毕的合同所产生的债务”，将保证金认定为共益债务，更有利于实现债务人财产的保值增值，但其清偿应结合合同履行情况、工程建设情况、法律规定的期限要求等来实际操作。

观点四：认为工程质量保证金、履约保证金是对违反合同约定的一种补救措施，其性质与一般债权无异，《最高人民法院关于审理建设工程施工合同纠纷案件适用法律问题的解释（一）》第四十条对建设工程价款范围作了规定，不包括逾期支付建设工程价款的利息、违约金、损害赔偿金等，因此保证金不属于工程价款的一部分，应按照普通债权进行清偿。实务中，也有一些裁判体现了此观点，例如（2015）绍柯民初字第1325号、（2013）商民再终字第17号裁判案例。

---

① 常显慧：《房产企破产中，工程承包方缴纳保证金的权属及处理方式探析——从管理人债权审核角度分析》，载《法制博览》2020年第27期，第78—80页。

第 87 问：房地产企业破产案件中，已代收业主的契税、公共维修基金等费用如何处理？

房屋交付时，房地产企业可能会代收业主契税、公共维修基金等费用代为办理产权证。但近几年随着法律法规的健全，很多地方已经明文规定禁止开发商代收契税、维修基金等费用。一旦房地产企业进入破产程序后，公共维修基金仍需交付住房和城乡建设部门代管，属于全体业主的共同财产。但是对于已代收的契税这种遗留问题，实践中大致存在以下几种情况。

一、已收取上述费用尚未办证。如前所述，根据《民法典》的规定，房屋产权转移以登记为准，此时未办理产权证的房屋仍属于债务人财产，相关业主应在破产程序中申报债权，在债权清偿环节由重整计划执行人配合相关债权人办理不动产权证。

二、首次缴纳的契税等费用被挪用，业主自己承担二次费用并已办证。对此，实务中有两种观点：第一种观点认为，重复缴纳的契税等费用属于业主个人财产，根据《企业破产法》第三十八条规定："人民法院受理破产申请后，债务人占有的不属于债务人的财产，该财产的权利人可以通过管理人取回。但是，本法另有规定的除外。"即业主可以向管理人行使取回权。第二种观点认为，二次缴纳的费用业主应作为债权进行申报，在债权清偿阶段作为小额债权获得全额清偿。无论是哪种观点，都倾向于对购房者权利的保护。

第 88 问：房地产企业破产案件中，行政罚款如何认定其性质和清偿？

《最高人民法院关于审理企业破产案件若干问题的规定》第六十一条第一款规定：“下列债权不属于破产债权：（一）行政、司法机关对破产企业的罚款、罚金以及其他有关费用……”由此可知，行政机关对破产企业的罚款不属于破产债权，但是《最高人民法院关于审理企业破产案件若干问题的规定》是针对《企业破产法（试行）》出台的，关于其法律效力问题“第 51 问”已详细说明，在此不再赘述。

《全国法院破产审判工作会议纪要》第二十八条规定：“破产债权的清偿原则和顺序。对于法律没有明确规定清偿顺序的债权，人民法院可以按照人身损害赔偿债权优先于财产性债权、私法债权优先于公法债权、补偿性债权优先于惩罚性债权的原则合理确定清偿顺序。因债务人侵权行为造成的人身损害赔偿，可以参照企业破产法第一百一十三条第一款第一项规定的顺序清偿，但其中涉及的惩罚性赔偿除外。破产财产依照企业破产法第一百一十三条规定的顺序清偿后仍有剩余的，可依次用于清偿破产受理前产生的民事惩罚性赔偿金、行政罚款、刑事罚金等惩罚性债权。”根据上述规定，行政罚款应该属于破产债权，行政机关可以进行申报，因私法债权优先于公法债权，行政罚款应当在普通债权全部清偿完毕后仍有剩余的情况，才可以进行清偿，所以将行政罚款认定为劣后债权。在实践中，普通债权一般难以全额清偿，作为劣后债权的行政罚款一般得不到清偿。

第 89 问：房地产企业破产案件中，对他人经管理人审定的债权有异议该如何救济？

《最高人民法院关于适用〈中华人民共和国企业破产法〉若干问题的规定（三）》第八条规定：“债务人、债权人对债权表记载的债权有异议的，应当说明理由和法律依据。经管理人解释或调整后，异议人仍然不服的，或者管理人不予解释或调整的，异议人应当在债权人会议核查结束后十五日内向人民法院提起债权确认的诉讼。当事人之间在破产申请受理前订立有仲裁条款或仲裁协议的，应当向选定的仲裁机构申请确认债权债务关系。”第九条规定：“债务人对债权表记载的债权有异议向人民法院提起诉讼的，应将被异议债权人列为被告。债权人对债权表记载的他人债权有异议的，应将被异议债权人列为被告；债权人对债权表记载的本人债权有异议的，应将债务人列为被告。对同一笔债权存在多个异议人，其他异议人申请参加诉讼的，应当列为共同原告。”

因此，对他人经管理人审定债权有异议时，可以针对此债权向管理人提出债权异议，经管理人解释或调整后，异议人仍然不服的，或者管理人不予解释或调整的，异议人可以向人民法院提起债权确认之诉，应将被异议债权人列为被告。

第 90 问：提起破产债权确认之诉应当满足哪些条件？超出指定期间起诉的法院是否受理？

债权确认之诉是指债务人、债权人对管理人审核记载的债权有异议的，可以向法院提起民事诉讼，由法院以实体判决的形式审查有争议的债权并作出是否予以确认的实体判决。《企业破产法》第五十八条规定："依照本法第五十七条规定编制的债权表，应当提交第一次债权人会议核查。债务人、债权人对债权表记载的债权无异议的，由人民法院裁定确认。债务人、债权人对债权表记载的债权有异议的，可以向受理破产申请的人民法院提起诉讼。"根据上述规定，向法院提起债权确认之诉的条件为：

一、已向管理人申报债权；

二、管理人对申报的债权进行审查，并编制债权表；

三、异议人针对已经申报债权向管理人提出异议，经管理人解释或调整后，债权人仍然不服的，或者管理人不予解释或调整的，其可向人民法院提起债权确认之诉。

《最高人民法院关于适用〈中华人民共和国企业破产法〉若干问题的规定（三）》第八条规定，异议人应当在债权人会议核查结束后十五日内向人民法院提起债权确认的诉讼。该条款赋予异议人的救济权利渠道并限制了权利救济时间，如未在规定时间内向人民法院提起破产债权确认之诉，法院会裁定不予受理。例如：江苏省苏州市中级人民法院（2020）苏 05 民终 8689 号北京某麟建筑装饰工程有限公司破产债权确认纠纷二审民事裁定书载明："根据《最高人民法院关于适用〈中华人民共和国企业破产法〉若干问题的规定（三）》第八条、第九条规定，债务人、债权人对债权表记载的债权有异议的，应当说明理由和法律依据；经管理人解释或调整后，异议人仍然不服的，或者管理人不予解释或调整的，异议人应当在债权人会议核查结束后十五日内向人民法院提起债权确认的诉讼；债权人对债权表记载的他人债权有异议的，应将被异议债权人列为被告。本案中，上诉人对管理人所提交的债权表记载的债权虽有异议但未在规定时间内提出异议及未在规定时间内向法院提起诉讼。……故本案依法不应予以受理。原审法院作出不予受理的裁定并无不当。”

还有一种观点认为，十五日期限不应当是除斥期间，原因是法院对债权表出具确认的裁定，属于程序性裁定，并未对各项债权作出具体实体性判决，债权人的实体性权利不会因此消灭。而且如果十五日期限为除斥期间则不能中断、中止，对于债权人来说过于严苛。因此，对于超过十五日期限债权人提起的债权确认之诉法院也应该受理。例如，江苏省淮安市清江浦区人民法院（2022）苏 0812 民初 2284 号某田机械有限公司、某达机械制造有限公司等普通破产债权确认纠纷民事一审民事判决书载明：“《最高人民法院关于适用〈中华人民共和国企业破产法〉若干问题的规定（三）》第八条规定：‘债务人、债权人对债权表记载的债权有异议的，应当说明理由和法律依据。经管理人解释或调整后，异议人仍然不服的，或者管理人不予解释或调整的，异议人应当在债权人会议核查结束后十五日内向人民法院提起债权确认的诉讼。’该条款规定的十五日并非除斥期间，而是诉讼法意义上的期间，超过起诉期间并不导致债权人失去实体权利。综上，某田机械有限公司提起本案诉讼，并未违反法律规定，本院对某达机械制造有限公司管理人的该辩解，不予采信。”

第七章　债权人会议

第 91 问：债权人会议由哪些成员组成？

债权人会议是由所有依法申报债权的债权人组成，以保障债权人共同利益为目的，为实现债权人的破产程序参与权，讨论决定有关破产事宜，表达债权人意志，协调债权人行为的“破产议事机构”。[①]破产程序主要是解决有关破产企业产生的债权债务纠纷、公平合理清偿各类债权，维护债权人和债务人合法权益的制度设计。

然而，考虑到部分破产企业涉及债权人较多且债权类型多样、利益和诉求不统一，房地产企业涉及回迁安置债权、消费性购房类债权、建设工程款债权等，如果允许债权人个别参与整个破产程序的方方面面，势必会使不同类型的债权人之间甚至相同类型的债权人之间产生分歧，导致无法有效形成一致意见，从而增加破产程序的时间成本、降低破产程序的议事效率，同时也会增加破产费用，最终影响债权人的整体利益。

出于对上述因素的平衡及实践操作的考虑，我国采取赋予债权人通过债权人会议的形式行使相关权利，按照“少数服从多数”的民主原则来讨论破产事宜、表达债权人意志、形成协商合意、行使救济权利的方式。这样可以在切实保障破产债权人程序权利公平行使的同时兼顾整个破产程序工作的最高效率，便于破产程序顺利推进。

《企业破产法》第五十九条第一款规定：“依法申报债权的债权人为债权人会议的成员，有权参加债权人会议，享有表决权。”因此，出席债权人会议的债权人需满足的条件是：1. 需要在人民法院受理破产申请时对债务人享有债权；2. 符合条件的债权人应当在受理法院公告中确定的债权申报期限内向管理人申报债权，其中包含对债务人的特定财产享有担保权的债权人。

此外，法院应从有表决权的债权人中指定一人为债权人会议主席，主持会议。根据《企业破产法》第五十九条第五款规定：“债权人会议应当有债务

---

① 王欣新：《破产法》（第四版），中国人民大学出版社 2019 年版。

人的职工和工会的代表参加……”实务中，管理人招募的审计、评估等中介机构代表也会被要求出席债权人会议。此外，债务人的法定代表人及清算组成员会列席债权人会议，管理人成员代表管理人向债权人会议报告相关工作。

第 92 问：债权人会议的职权有哪些？

根据《企业破产法》第六十一条的规定，债权人会议主要行使下列职权。

（一）核查债权。依法申报债权并参加债权人会议的债权人可以就管理人公示的债权进行核查，包括债权的申报金额和认定金额、债权性质等，债权人既可对自己的债权进行核查，也可对其他债权人的债权进行核查，包括债权的申报金额和认定金额、债权性质等。

（二）申请人民法院更换管理人，审查管理人的费用和报酬。破产程序中，管理人由人民法院指定。债权人会议认为管理人不能依法、公正执行职务或者有其他不能胜任职务情形的，可以申请人民法院予以更换，同时也可对破产费用的使用和管理人报酬的标准提出异议。

（三）监督管理人。破产期间，管理人负有接管债务人的财产、印章和账簿等财务资料；决定债务人有关经营管理活动的事务问题；决定债务人的有关日常财务开支事项和其他日常必要开支；管理和处分债务人的财产等重要职责，直接影响着债权人的财产性利益，因此《企业破产法》赋予债权人会议监督管理人有效履行法定职责的权利，用以维护自身合法权益。

（四）选任和更换债权人委员会成员。债权人会议根据自治原则选任、更换债权人委员会成员，但必须在《企业破产法》范围内进行并受人民法院监督。

（五）决定继续或者停止债务人的营业。人民法院裁定受理破产申请后，债务人是否继续营业影响着破产财产的变化，从而直接影响着债权的清偿。因此，赋予债权人会议决定继续或者停止债务人的营业的权利。

（六）通过重整计划。

（七）通过和解协议。

（八）通过债务人财产的管理方案。

（九）通过破产财产的变价方案。

（十）通过破产财产的分配方案。

（十一）人民法院认为应当由债权人会议行使的其他职权。本项属于兜底条款，对于《企业破产法》没有明确规定但确实涉及全体债权人的重大利益，有必要由债权人会议讨论决定的事宜，可由人民法院决定列入债权人会议的职权范围。

前十项职权主要涉及破产财产的管理、变价及分配、清偿方案，所产出的是破产程序中最为关键的文件，因为上述文件主要由管理人草拟、制作（和解协议由债务人提出），是否通过需要提交债权人会议表决。

第 93 问：债权人会议的决议规则是什么？

破产程序中，召开债权人会议的目的是对破产程序中的重大事项进行讨论、表决，最终形成债权人会议决议。因此，债权人会议决议规则必须体现大多数人的意志。《企业破产法》第六十四条第一款规定："债权人会议的决议，由出席会议的有表决权的债权人过半数通过，并且其所代表的债权额占无财产担保债权总额的二分之一以上。但是，本法另有规定的除外。"此外，还有重整计划草案的表决规则，《企业破产法》第八十四条第二款规定："出席会议的同一表决组的债权人过半数同意重整计划草案，并且其所代表的债权额占该组债权总额的三分之二以上的，即为该组通过重整计划草案。"通过和解协议的表决规则，《企业破产法》第九十七条规定："债权人会议通过和解协议的决议，由出席会议的有表决权的债权人过半数同意，并且其所代表的债权额占无财产担保债权总额的三分之二以上。"

第 94 问：对债务人特定财产享有担保权的债权人如何行使表决权？

对债务人特定财产享有担保权的债权人，除非其放弃优先受偿权，否则其表决权的行使受到一定限制。

一、表决事项受限

《企业破产法》第五十九条第三款规定："对债务人的特定财产享有担保权的债权人，未放弃优先受偿权利的，对于本法第六十一条第一款第七项、第十项规定的事项不享有表决权。"

二、表决程序受限

《企业破产法》第六十四条第一款、第八十四条第二款规定，债权人会议决议表决除重整计划草案等事项，由出席会议的有表决权的债权人过半数通过，且其所代表的债权额占无财产担保债权总额的二分之一以上。也就是说，除表决重整计划草案外，有特定财产担保的债权人列入表决人数，但在统计同意人数债权额占比时，担保债权数额不列入债权总额。

但对于重整计划草案的表决，由于采取分组表决，而且实践中有特定财产担保债权会单独分成一组，因此其表决权的行使不受上述限制。出席会议的同一表决组的债权人过半数同意，且其所代表的债权额占债权总额的三分之二以上，即为该组通过重整计划草案。

第 95 问：债权人会议没有表决通过何种事项时法院可以适用“强裁规则”？

为有效推进破产程序进行，《企业破产法》第六十五条[①]、第八十条第二款对部分决议无法表决形成时，规定了相应的救济手段：

一、对债务人财产的管理方案和破产财产的变价方案经债权人会议表决未通过的，由人民法院裁定；

二、破产财产的分配方案经债权人会议二次表决仍未通过的，由人民法院裁定；

三、未通过重整计划草案的表决组拒绝再次表决或者再次表决仍未通过的情况下，如重整计划草案符合法定条件的，债务人或者管理人可以申请人民法院批准重整计划草案，人民法院经审查认为重整计划草案符合相关规定的，应当在法定期限内裁定批准。

① 《企业破产法》第六十五条：“本法第六十一条第一款第八项、第九项所列事项，经债权人会议表决未通过的，由人民法院裁定。本法第六十一条第一款第十项所列事项，经债权人会议二次表决仍未通过的，由人民法院裁定。对前两款规定的裁定，人民法院可以在债权人会议上宣布或者另行通知债权人。”

第 96 问：债权人委员会的设立及议事规则是什么？

债权人委员会是根据债权人会议决定设立的监督机构，代表债权人会议行使部分监督权，监督管理人日常工作以及破产程序进行的合法性等相关事项。

《企业破产法》第六十七条规定："债权人会议可以决定设立债权人委员会。债权人委员会由债权人会议选任的债权人代表和一名债务人的职工代表或者工会代表组成。债权人委员会成员不得超过九人。债权人委员会成员应当经人民法院书面决定认可。"第六十四条规定："债权人会议的决议，由出席会议的有表决权的债权人过半数通过，并且其所代表的债权额占无财产担保债权总额的二分之一以上。但是，本法另有规定的除外。债权人认为债权人会议的决议违反法律规定，损害其利益的，可以自债权人会议作出决议之日起十五日内，请求人民法院裁定撤销该决议，责令债权人会议依法重新作出决议。债权人会议的决议，对于全体债权人均有约束力。"

根据《最高人民法院关于适用〈中华人民共和国企业破产法〉若干问题的规定（三）》第十四条第一款规定，债权人委员会的议事规则为：债权人委员会决定所议事项应获得全体成员过半数通过，并作成议事记录。债权人委员会成员对所议事项的决议有不同意见的，应当在记录中载明。本条款是债权人委员会的基本议事准则，即人数过半准则。不同于债权人会议决议的通过方式，债权人委员会表决规则不考虑债权人委员会成员所代表的债权额。

第八章　重整

第 97 问：房地产企业破产案件中，如何界定企业是否具有重整价值？

《企业破产法》第二条规定："企业法人不能清偿到期债务，并且资产不足以清偿全部债务或者明显缺乏清偿能力的，依照本法规定清理债务。企业法人有前款规定情形，或者有明显丧失清偿能力可能的，可以依照本法规定进行重整。"《全国法院破产审判工作会议纪要》中规定，破产重整的对象应当是具有挽救价值和可能的困境企业；对于僵尸企业，应通过破产清算，果断实现市场出清。人民法院在审查重整申请时，根据债务人的资产状况、技术工艺、生产销售、行业前景等因素，能够认定债务人明显不具备重整价值以及拯救可能性的，应裁定不予受理。因此，企业破产重整条件除应具备重整原因外，还应具备重整价值和重整可能。

企业是否具备重整价值，包括通过重整程序予以挽救的社会价值与经济价值，是法院受理重整申请时的重要考虑因素。重整价值分为内外两方面，对内有利于债务人、出资人、职工、关联企业等主体的权益维护，对外符合国家产业结构调整政策、有利于债权人利益保护、充分利用社会资源、促进就业、优化资源配置、减少破产的不利社会影响等。因此，应结合企业资产状况及使用价值，企业技术工艺先进程度、生产销售水平及产品竞争力，企业所处行业的发展前景及国家产业政策，重整成本、社会价值、经济效益，重整对各方主体的利益保障等具体情形，来判断企业是否具备重整价值。人民法院在裁定受理破产重整申请之前，不但要对企业是否具备重整可能性进行审查，而且要从多个方面进行实质审查，尽可能地避免不具备重整价值和重整可能的企业进入重整程序，以免造成司法资源、人力和经济成本的浪费。

第 98 问：重整申请的主体有哪些？

破产重整是《企业破产法》中的一项重要制度，是指专门针对可能或已经具备破产条件但又有维持价值和再生希望的企业，经由各方利害关系人的申请，在法院的主持和利害关系人的参与下，进行业务上的重组和债务调整，以帮助债务人摆脱财务困境、恢复营业能力的法律制度。破产重整制度对于防范企业因破产所带来的社会和民生问题，具有不可替代的作用。

根据《企业破产法》第七条、第七十条规定，重整申请有以下几种主体。

一、债权人申请

当债务人不能清偿到期债务时，债权人可以向人民法院提出对债务人进行重整的申请。债权人申请的，法律上没有人数限制，可以由单个债权人申请，也可以由两个以上的多个债权人共同申请。共同申请的债权人应当对各自债权的情况及到期未清偿的事实提出证明。①

二、债务人或出资额占债务人注册资本十分之一以上的出资人申请

在具备《企业破产法》第二条规定的破产原因时，债务人可以直接向人民法院申请进行重整。同时，若债权人申请对债务人进行破产清算的，在人民法院受理破产申请后、宣告债务人破产前，债务人或者出资额占债务人注册资本十分之一以上的出资人，可以向人民法院申请重整。

① 王卫国：《破产法精义》（第二版），法律出版社 2020 年版，第 31 页。

第 99 问：如何确定重整期间？最长重整期间是多少？

重整期间是指自人民法院裁定债务人重整之日起至重整程序终止的期间。规范重整期间的目的主要在于防止债权人在重整期间对债务人及其财产采取诉讼或者其他措施，进而保护全体债权人利益，避免出现个别清偿。

《企业破产法》第七十二条规定："自人民法院裁定债务人重整之日起至重整程序终止，为重整期间。"由此可知，重整期间的起始时间为人民法院裁定债务人重整之日，而非裁定受理破产申请之日。但法院是否必须出具裁定重整文书、何时出具裁定重整文书，由于法律没有明确规定，因此实务中做法不一。

有的法院会发裁定重整的文书，笔者律师团队经办的河北某聚房地产开发有限公司破产重整案即是如此；有的法院不会出具相关裁定，这种情况下为了将重整期间的起始时间予以明确，可以建议法院出具。重整期间的结束时间，即重整程序的终止时间，则是人民法院裁定终止重整程序之日。

对于重整期间究竟多长，我国企业破产法没有作出明确的时间上的规定。《企业破产法》第七十九条第一款、第二款规定，"债务人或者管理人应当自人民法院裁定债务人重整之日起六个月内，同时向人民法院和债权人会议提交重整计划草案。前款规定的期限届满，经债务人或者管理人请求，有正当理由的，人民法院可以裁定延期三个月"；第八十四条第一款规定，"人民法院应当自收到重整计划草案之日起三十日内召开债权人会议，对重整计划草案进行表决"；第八十六条第二款规定，"自重整计划通过之日起十日内，债务人或者管理人应当向人民法院提出批准重整计划的申请。人民法院经审查认为符合本法规定的，应当自收到申请之日起三十日内裁定批准，终止重整程序，并予以公告"。但是，重整期间并不是简单的"六个月 + 三个月 + 三十日 + 十日 + 三十日"，原因在于：

（一）重整过程中，如果管理人无法自法院裁定债务人重整之日起六个月内向人民法院和债权人会议提交重整计划草案，可依法向人民法院提交申请，延长重整期限三个月，但是法律没有对申请延长的次数做出限制。破产案件尤其是房地产企业破产案件涉及债权债务关系复杂，重整耗费的时间更长。实务中多次延期的情况并不鲜见。例如某晨地产及旗下 13 家公司实质合并破产案，在债权申报环节就曾两度延期；某钢厂重整案，曾两次延期提交重整计划草案。

（二）第八十四条第一款中的“三十日”仅是法院决定召开第二次债权人会议的期限，如果重整计划草案一次性顺利通过，那么进入第八十六条第二款规定的法院裁定批准环节的“三十日”。但是，重整计划草案有未通过的风险，根据《企业破产法》第八十七条第一款[①]规定，可以再进行二次表决，这都会计入重整期间。实务中，重整计划草案经过多次表决方才通过的情况也时有发生。

① 《企业破产法》第八十七条第一款：“部分表决组未通过重整计划草案的，债务人或者管理人可以同未通过重整计划草案的表决组协商。该表决组可以在协商后再表决一次。双方协商的结果不得损害其他表决组的利益。”

第 100 问：房地产企业破产案件中，适用债务人自行管理制度的法律依据及现实基础？

《企业破产法》第七十三条第一款规定："在重整期间，经债务人申请，人民法院批准，债务人可以在管理人的监督下自行管理财产和营业事务。"该条文是债务人自行管理财产和营业事务的理论基础，结合该条文第二款及《企业破产法》第二十五条、第七十四条的规定，从法条上来看，《企业破产法》确立的是企业进入重整程序后，以管理人负责管理财产和营业事务为原则，以债务人自行管理为例外的模式。

在债务人自行管理模式的法律适用上，除《企业破产法》的规定外，在《全国法院民商事审判工作会议纪要》第一百一十一条中，从一定程度上明确了债务人自行管理的条件、申请、审批程序以及债务人自行管理的监督措施等。

房地产企业破产重整案件一般属于典型的"涉众""涉稳"案件，根据《全国法院民商事审判工作会议纪要》第一百一十一条第一款的规定，在房地产企业破产重整程序中实行债务人自行管理模式需要有以下现实基础。

一、债务人的内部治理机制仍正常运转

（一）破产重整的房地产企业内部规章制度完善，同时需制定符合破产重整程序期间的人事管理制度、行政管理制度、档案管理制度、开发项目管理制度、营销管理制度、安全管理制度等。

（二）破产重整的房地产企业内部机构完善、职能明确，包括但不限于总经办、业务部、财务部和行政部等基础部门，同时需要根据房地产企业破产重整案件的特征，单独设立群众意见反馈等部门。

（三）破产重整的房地产企业职工数量及职工工资标准应当根据破产企业的规模、自行管理的实际需求、重整的实际情况依法确定。

（四）破产重整的房地产企业法定代表人或实际控制人不存在刑事法律风险，可以充分、完整推动企业完成自行管理的相关工作。

二、债务人自行管理有利于债务人继续经营

（一）破产重整的房地产企业提出的自行管理方案和监督方案须满足破产重整程序的要求。

（二）破产重整的房地产企业具备继续经营的经济基础。

（三）破产重整的房地产企业自行管理中能够通过专业的房地产企业管理模式、营销方式促进债务人资产的保值、增值。

（四）破产重整的房地产企业能够确保开发项目的安全、稳定。

三、债务人不存在隐匿、转移财产的行为或其他严重损害债权人利益的行为

（一）房地产企业进入破产重整程序后，公司的财产实际上是属于全体债权人的，特别是在房地产企业破产重整程序中，其主要目的是保护债权人的合法权益，维护社会民生稳定，这也要求房地产企业及其实际控制人等相关人员在破产重整程序中能够坚持“诚信原则”，必要时应当签署债务人自行管理承诺书。

（二）破产重整的房地产企业自行管理中，管理人要确保监督方案可行并落实到位、责任到人。如果债务人或其经营管理人员存在“个别清偿”“隐匿、转移财产”或者其他“违法、欺诈、经营不善等行为”，可能损害债权人利益的，应立即向法院申请终止债务人自行管理。

第 101 问：房地产企业破产重整案件中，对债务人特定财产享有担保权利的恢复行使及权利人的行权途径？

房地产企业破产案件中，债务人经常以土地使用权或在建工程提供抵押担保，抵押权作为破产程序中的一种别除权，赋予抵押权人对特定财产享有优先受偿的权利。《企业破产法》第七十五条第一款规定："在重整期间，对债务人的特定财产享有的担保权暂停行使。但是，担保物有损坏或者价值明显减少的可能，足以危害担保权人权利的，担保权人可以向人民法院请求恢复行使担保权。"

一、我国立法上强调重整程序中担保物权暂停行使，同时以担保权暂停行使为原则，以恢复行使为例外。

二、担保权人在特殊情况下可以申请恢复行使担保权。结合《全国法院民商事审判工作会议纪要》第一百一十二条的规定，司法实践过程中，设定担保的债务人财产是否属于重整必需的财产，是法院决定批准担保权人行使权利的重要考量因素之一。因此，在重整程序中权利人恢复行使担保物权时应当注意以下三点。

（一）合理分析债务人提供担保的特定财产是否属于"重整经营所必需"。企业进入破产重整程序后，应当就债务人提供担保的特定财产的种类、性质、特征或所在区域等进行分析，区分重整必要财产与非必要财产。针对非必要财产可以进行变价，实现权利的同时能够为企业重整提供流动资金。需要注意的是，房地产企业重整案件中要注意区分土地使用权的区域位置、在建工程的销售情况，针对处于初始开发阶段的土地和销售量较少或未销售的在建工程可以尝试提出非重整经营必要财产的观点。

（二）收集"担保物有损坏或者价值明显减少可能"的证据。企业进入破产重整程序后，担保权人应当注意担保物市场行情，当担保物市场价值下跌出现贬值的情况时，可以提出恢复行使的申请。房地产企业则应当关注行业的政策调整、区域的政策变化等因素或者实地考察担保物的现状等情况，注重与管理人、法院、政府或自行管理的债务人进行沟通，恢复行使不能时可要求相关方提供与减少价值相应的担保或补偿。

（三）实时关注房地产企业破产案件进程，对无重整价值的企业向法院申请由重整程序转为清算程序。

由上可知，担保权在重整程序中以暂停行使为原则，而房地产企业的破产案件因为其自身的特殊性，一般选择破产重整程序，但实践过程中的一些房地产企业已经缺乏重整价值，重整成功的可能性极低，同时存在重整周期极长、重整效率低下等情况，较长的达到五年以上，该种情形下担保权人可以依据《企业破产法》第七十八条、第七十九条、第八十八条的规定，提出重整程序转清算程序的申请。

第 102 问：房地产企业破产案件中，抵押权人同意开发商预售抵押房屋对其抵押权的影响是什么？

我国实行商品房预售制度，符合法定条件时，房地产企业可以申请办理商品房预售许可证。实践中，房地产企业在开发资金不足的情况下，往往会将土地使用权或在建房屋向银行等金融机构抵押，以此来申请开发贷款等资金。基于上述因素，各地房地产企业主管部门在房地产企业办理预售许可证前，一般会要求抵押权人出具同意房地产企业预售房屋的书面文件。但由于我国现行法律法规的滞后性，当抵押权人同意预售时会对其抵押权的行使产生诸多影响，笔者结合实务案例总结如下。

（一）抵押权人同意预售等同于放弃预售部分的优先受偿权，抵押权人仅对抵押物转让价款享有优先受偿权

首先，根据《民法典》第三百九十三条第三项规定，债权人放弃担保物权的，担保物权消失。同时结合《民法典》第四百零六条的规定[①]，可以作出这样的理解，本条确立了“抵押权人同意方可转让”的基本原则。[②]

其次，原《物权法》[③]第一百七十条规定：“担保物权人在债务人不履行到期债务或者发生当事人约定的实现担保物权的情形，依法享有就担保财产优先受偿的权利……”及《民法典》第三百八十六条规定：“担保物权人在债务人不履行到期债务或者发生当事人约定的实现担保物权的情形，依法享有就担保财产优先受偿的权利，但是法律另有规定的除外。”从上述法条的规定来看，担保物权的法律效力主要体现在享有优先受偿权。抵押权作为担保物权，其优

---

① 《民法典》第四百零六条规定：“抵押期间，抵押人可以转让抵押财产。当事人另有约定的，按照其约定。抵押财产转让的，抵押权不受影响。抵押人转让抵押财产的，应当及时通知抵押权人。抵押权人能够证明抵押财产转让可能损害抵押权的，可以请求抵押人将转让所得的价款向抵押权人提前清偿债务或者提存。转让的价款超过债权数额的部分归抵押人所有，不足部分由债务人清偿。”

② 最高人民法院（2016）最高法民申 887 号。

③ 《物权法》现已失效。

先的内容在于抵押物的价值，而非取得抵押物的所有权，在抵押物已经转让的情况下，抵押权人对抵押物转让价款享有优先受偿权，结合《民法典》第四百零六条第二款的规定，若抵押权人未请求抵押人将转让所得的价款向抵押权人提前清偿债务或者提存而导致抵押权无法实现的后果应当由自身承担。

最后，从《最高人民法院关于人民法院办理执行异议和复议案件若干问题的规定》第二十九条[①]有关生存权保障的规定出发，银行、资产管理公司等作为专业的金融机构，应当对其对允许作为抵押物的涉案商铺办理预售的法律后果有清楚认知，并应对开发商有关的资金流向加以必要之监督、约束；开发商在取得涉案商铺的销售款后应本着诚实信用原则及时偿还银行的债务；而实际的购房者作为普通的自然人，其并无能力审查所购房屋背后的债权债务关系、开发商偿债能力等情况，因此在所购房屋取得预售许可证的情况下，若购房者与房地产企业签订了合法有效的书面买卖合同并办理了网签，支付了全额或者大部分购房款，享有的民事权益应当依法予以保护。银行、资产管理公司等金融机构应当对自身的过错承担不能实现抵押权的不利后果。[②]

（二）抵押权人同意预售并不影响预售部分抵押权人的优先受偿权

我国现行法律法规没有明确规定抵押权人出具同意预售函件就意味着其放弃了抵押权，根据《民法典》第一百四十条的规定："行为人可以明示或者默示作出意思表示。沉默只有在有法律规定、当事人约定或者符合当事人之间的交易习惯时，才可以视为意思表示。"因此不宜在无明确约定的情况下，推定银行、资产管理公司等金融机构放弃抵押权，金融机构出具同意预售的函件主观上是希望通过抵押财产的转让或主债权的清偿来实现债权所作出的真实意思表示，并非自愿放弃抵押权，[③]直接推定金融机构放弃抵押权的做法有违民法的公平原则。

---

① 《最高人民法院关于人民法院办理执行异议和复议案件若干问题的规定》第二十九条："金钱债权执行中，买受人对登记在被执行的房地产开发企业名下的商品房提出异议，符合下列情形且其权利能够排除执行的，人民法院应予支持：（一）在人民法院查封之前已签订合法有效的书面买卖合同；（二）所购商品房系用于居住且买受人名下无其他用于居住的房屋；（三）已支付的价款超过合同约定总价款的百分之五十。"

② 山东省高级人民法院（2020）鲁民终 801 号。

③ 四川省高级人民法院（2015）川民提字第 130 号。

第 103 问：重整程序终止的法定情形有哪些？

《企业破产法》第七十八条规定："在重整期间，有下列情形之一的，经管理人或者利害关系人请求，人民法院应当裁定终止重整程序，并宣告债务人破产：（一）债务人的经营状况和财产状况继续恶化，缺乏挽救的可能性；（二）债务人有欺诈、恶意减少债务人财产或者其他显著不利于债权人的行为；（三）由于债务人的行为致使管理人无法执行职务。"

上述法律规定的情形系因债务人的原因而导致其无法通过重整程序挽救企业，管理人在履职过程中或其他利害关系人在重整过程中发现上述情形存在的，应请求人民法院终止重整程序，其重整程序是为了挽救企业、提高企业清偿率、挽救企业信誉，如企业出现资产逐渐减少，无法提高清偿率的情况，宣告破产也是保障债权人权益的一种方式。

第 104 问：房地产企业破产案件中，如何招募重整投资人？

成功招募投资人是获得注资、盘活企业的关键环节。但《企业破产法》中，对此并没有详细规定。目前实践中投资人招募的流程、遴选方法等多来自管理人实际操作的经验，一般会公开发布招募公告、对投资人的资格作出明确要求，并采用招投标的方式进行公开评选。如何成功吸引投资人，除了对项目的整体评估之外，也有赖于管理人发挥优势、整合资源。可以从以下几方面入手。

一、拓展招募渠道的多样性，保证传播的有效性

通过最高人民法院创办的全国破产企业重整案件信息网发布招募公告，在实践中是一项常规操作。但公告绝不是“一发了之”，要想做到广而告之，一方面要拓展更多的传播渠道，可借助媒体、公众号、短视频平台等多种渠道发布，扩大传播范围；另一方面要明确招募投资人的目标和范围，向意向投资人定向发送邀请和招募公告，提高招募的有效性。

二、建立完善的信息披露机制

首先，管理人主动向投资人披露企业的真实情况，防止投资人作出错误判断，出现因其潜在或已经发生的利益受损进而导致重整计划执行失败；其次，可以防止一些虚假投资人“趁火打劫”，影响重整进程；最后，管理人要注意甄别是否属于应当保守的商业机密或国家秘密，做好相关保密工作，防范执业风险。[①]

三、保证招募标准、程序公开公正

投资人招募过程中，存在多方面利益主体博弈，其招募标准的制定、程

---

① 丁燕：《论合同法维度下重整投资人权益的保护》，载《法律适用》2018 年第 7 期，第 96—101 页。

序是否公平合理，决定了招募的成功与否以及后续重整计划的沟通与执行。因此，这一过程应在法院的监督指导下、赋予债权人会议一定决定权的基础上，管理人尽职履责遴选出合格的投资人，必要时可以考虑聘请第三方机构或相关专家予以评估。

四、注意潜在的投资违约风险，预设“违约保证金”条款

近年来，因投资人违约导致重整计划无法执行的情况时有发生，这也提醒管理人注意，在重整计划草案制定阶段，可预设“违约保证金”条款。一般在投资人招募阶段，管理人往往会在招募公告中明示重整投资人应当缴纳履约保证金，如无法履约则保证金不予退还。但实践中为了提高投资人的积极性，要么约定的保证金过低无法弥补损失，要么未实际缴纳，存在潜在的风险。因此，可参照《民法典》中违约金的规定，约定支付一定比例违约金计算标准的条款。[①]

① 杨文珺、金雪怡：《重整投资人违约问题探究》，载威科先行·法律信息库，https://law.wkinfo.com.cn/professional-articles/detail/NjAwMDAxNTY4MzM，访问日期 2022 年 2 月 15 日。

第 105 问：房地产企业破产案件中，投资人尽职调查工作应当关注哪些要点？

房地产企业系资金密集型企业，投资周期长，资金需求量巨大，尤其是规模较大的房地产企业，投资人在对其进行投资时会非常谨慎，因此在进行投资尽调时，需要着重关注如下四个方面。

一、投资风险：重整投资人的投资模式不同，风险不同。主要表现为余债风险、税务风险、重整计划执行不力、执行不能等。

二、投资项目的合法性：房地产项目是否合法，主要是土地使用权是否合法。如果项目土地使用权的取得程序违法，那么即便有项目地块权属证书，依然存在被收回的风险，这一点需要引起投资人的足够重视。

三、投资项目用地情况

（一）是否存在欠缴土地出让金以及滞纳金。有些项目拿地快十年了，还没交清土地出让金，滞纳金的金额都已经超过土地出让金的金额。

（二）地块规划。有些土地规划用途与项目用地性质不一致，后期可能涉及调规变性，除需要补缴土地出让金外，还会增加时间成本，影响开发进度。

（三）土地使用权抵押。很多房地产企业都涉及这一问题。

（四）土地使用权闲置问题。很多老地块都存在该问题，可能被要求缴纳巨额的土地闲置费，增加经济成本。

（五）限制高度问题。

（六）地上是否有其他烂尾楼，是否可以继续使用。如果不能使用，拆除重建将是一笔不小的开支。

（七）其他。关于项目用地情况，需要做好详尽细致的尽职调查报告，该部分关系到后期资金投资、收益测算及开发进度问题，必须谨慎对待。

四、还要注意投资项目所在地的去化率。对于房地产企业破产重整项目，投资人的回款主要来源于销售款，去化率高低决定了投资人的投资风险大小及投资回款速度的快慢，去化率较高的项目，投资回款速度快，投资风险更小。投资人应尽可能在重整投资协议中争取到项目定价权，以保障短时间内有销售回款，否则投资人将在长时间内无法达到投资目的。

第 106 问：房地产企业破产案件中，如何选择重整模式？

实践中，房地产企业主要采取的重整模式为：存续式重整和出售式重整。其中存续式重整又分为“共益债”续建模式重整、股权收购模式重整（承债式重整）、反向出售式重整（清算式重整）。

一、存续式重整

存续式重整是实践中适用最为普遍的一种重整方式，指企业通过减免债务、分期延期清偿以及债转股等方式进行债务清偿，其核心特点是企业法人资格的保留。

（一）“共益债”续建模式适用情形。“共益债”续建模式主要适用于债权债务关系复杂，余债风险较高的企业。但是适用此种模式管理人工作量较大，需要在长期的执行过程中进行管理，责任也较大。

（二）股权收购模式适用情形。股权收购模式与“共益债”续建模式适用情形相反，主要适用于债权债务关系明晰、余债风险较低的企业。管理人一次性移交完成，工作量较小。

（三）反向出售式重整适用情形。反向出售式重整是通过剥离企业的不良资产和债务到另一主体，将原企业优良的资质、主体资格等优质资源保留下来，转让给投资人，所得投资款用于债权人分配。该种模式适用于必须保留壳资源的情形，其最大的优势是实现了不良资产和债务从原企业的剥离，杜绝余债风险的发生。但是该种模式最大的诟病是容易被债权人质疑交易对价是否公允，进而影响重整计划（草案）的通过。

二、出售式重整

出售式重整，是指将债务人的营业事业（优质资产）部分或全部出售，使营业事业在新的企业中继续经营，而转让的对价以及未转让的财产一并进入清算，核心特点是不保留原企业法人资格。[①]出售式重整主要适用于企业主营业务需要继续经营，使债务人的资产能够充分发挥更大价值的情形。该种模式可有效防范余债风险。

① 王欣新:《重整制度理论与实务新论》，载《法律适用》2012年第11期，第10—19页。

第 107 问：房地产企业破产案件中，不同重整模式的投资风险有哪些？

一、存续式重整模式风险

（一）“共益债”续建模式风险：“共益债”投资款的回收主要来源于房地产企业的销售回款，由于房产项目审批、施工和销售回款的周期很长，任何环节出现问题，都会影响回款速度，因此其主要风险来源于重整计划的执行不力。除市场、监管因素外，也会发生人为资金转移挪用等现象，会影响到重整计划的顺利推行，进而影响投资回款速度。重整投资人除在投资前做好相关的市场调研外，还要做好投资后管理，积极推动重整计划的执行。

（二）股权收购模式风险：这是指隐性债务风险，即根据《企业破产法》的规定，在重整计划执行完毕后，未申报的债权人可以按照重整计划规定的同类债权的清偿条件行使权利，由此给债务人带来风险。

重整计划执行不力的风险，影响投资回款速度；重整计划执行不能的风险，债务人将被宣告破产转入清算程序。

（三）反向出售式重整模式风险：可能存在部分债权人质疑转让价款是否公允的问题。目前，网络司法拍卖是法院拍卖执行的主要形式，管理人在对债务人资产进行出售时，可参照《最高人民法院关于人民法院网络司法拍卖若干问题的规定》，在对资产进行严格评估的基础上，联系较大的网络平台进行公开拍卖，不仅保证程序的公开、公平，同时可以以市场化形式增加资产溢价率。

二、出售式重整模式风险

该模式会发生资产的处置和过户，尤其是房地产企业涉及土地和房屋，将会产生巨额税费问题。目前许多优惠政策不适用于房地产企业，对重整投资人来说需要从交易架构及模式上，做好税收风险防控。同时，该模式将债务人的优质资产出售至投资人，将出售优质资产的所得价款作为债务人的偿债资金进行分配，不保留壳资源，因此，可能存在转让价款易被债权人质疑是否公允的风险，管理人需要将资产评估工作做好，经得住考验。

第 108 问：重整计划的意义是什么？

重整计划是企业破产重整程序中最为核心的文件，体现的是各方利害关系人的共同意志。重整计划对被重整的债务人而言，是通过优质的重整计划来挽救企业的经营现状，通过各方的协商，在债务人生产经营上、债权债务关系上进行整顿，使债务人摆脱困境，重获经营能力，达到起死回生的目的。对债权人而言，债务人的重整成功，能有效避免债务人进入破产清算程序，能够最大限度清偿债权人的债权，避免发生清偿比例过低的局面。对社会整体利益而言，债务人的重整成功，能避免因破产清算带来的如岗位变化等一系列问题，也有利于社会经济的稳定和发展。

第 109 问：重整计划草案制作主体如何确定？

《企业破产法》第八十条将重整计划草案的制作主体规定为债务人或者管理人。债务人自行管理财产和营业事务的，由债务人制作重整计划草案；管理人负责管理财产和营业事务的，由管理人制作重整计划草案。重整计划草案是债务人脱离困境以及债权人实现债权的方案，其涉及经营方案、债权调整、债权清偿等内容。重整计划草案应当由掌握债务人经营状况、财产情况的管理者来负责编写并提交债权人会议和人民法院。

第 110 问：房地产企业破产案件中，重整计划草案应当包括哪些内容？

重整计划草案制定是重整案件迈向成功的重要一环，是通过管理人的尽职调查、第三方审计评估机构的专业梳理，在全面了解企业情况、企业资产、债务总额、债权人情况、投资人目标等多方情况的基础上制定的，是债权人、债务人、投资人等各方合意的结果，是债务清偿的最终解决方案，关系到各方切身利益。因此其制定应注意以下几个方面。

第一，要尊重法律规定的清偿顺序，不同顺位债权人制定不同的清偿方案。“房地产破产案件最大的矛盾在于处理好购房户交房问题以及各个权利主体之间的权利顺位问题。”[①] 第二，要保证债权人利益最大化，即使是持反对意见的债权人也能从重整计划中获得清偿。第三，坚持公平原则，每一组债权人、同一组内的债权人能够获得平等的清偿。《企业破产法》第八十七条第二款第五项中的“重整计划草案公平对待同一表决组的成员”就是公平原则的体现。第四，确保方案的可行性，保证方案能够落地、执行，实现盘活企业、重整成功的长远目标。

《企业破产法》第八十一条规定：“重整计划草案应当包括下列内容：（一）债务人的经营方案；（二）债权分类；（三）债权调整方案；（四）债权受偿方案；（五）重整计划的执行期限；（六）重整计划执行的监督期限；（七）有利于债务人重整的其他方案。”在这一规定中，第一项至第四项影响债权人的利益分配，显然是债权人较为关注的问题。其中，“债务人的经营方案”实践中主要有两种模式，一是保留债务人原有的全部或主要经营业务，通过引入投资人注资的方式，使企业恢复营运能力；二是剥离债务人资产，改变其主营业务，进行重组注资，恢复债务人营业能力。对于房地产企业而言，由于

---

① 李乐敏、俞鲁锋、丁天甲：《最高人民法院关于适用〈中华人民共和国企业破产法〉若干问题的规定（三）对房地产企业破产案件办理的影响》，王欣新、郑志斌主编《破产法论坛》（第二十辑），法律出版社 2021 年 8 月，第 944 页。

其具备在建工程、建设用地等大量可用资产，多是采用第一种模式。“债权调整方案”是整个重整计划的核心内容，其本质是债权人、债务人及其他各方利益主体之间相互博弈、寻求共赢的过程，其制定有赖于管理人对企业资产、债权债务的尽职调查和全面分析，以及审计、评估、造价等专业机构对房地产企业资产得出的专业数据。

第111问：房地产企业破产案件中，重整计划草案可以规定哪些债权清偿方式？

目前重整计划草案可以规定的清偿方式主要有货币清偿、实物清偿、应收账款清偿、债转股清偿、信托收益权分配清偿五种。

一、货币清偿

货币清偿，是最常见的清偿方式之一，一般在重整计划中对现金清偿的比例、期限做出约定，债权人可以准确地计算出收回债权的金额，对于债权收回具有可预见性。具体有以下方式：

（一）现金一次性清偿。通常是对职工债权及普通债权中的小额债权人，出于解决民生及重整计划草案通过率的考虑，一般需要一次性拿出现金对上述债权人进行清偿。对于小额债权人可以一次性给予清偿完毕，有利于解决民生问题。

（二）分期清偿。一般适用于金额较大的债权清偿。

（三）留债延期支付清偿。对于债权人而言，可以获得更高的清偿比例，但是对于没有担保的留债清偿风险较大，存在很多的不确定性。对于破产企业而言，可以获得喘息机会，因短期内不占用运营资金，有利于改善破产企业运营状况。

二、实物清偿

实物清偿在房地产企业破产案件中是较为常见的一种清偿方式，房地产破产企业可以将房屋、地下室、车位等实物评估作价后，直接根据债权金额大小，给予清偿。此种方式对于破产房地产企业而言，无需投入资金，没有即时资金压力，增加企业的去化率，改善企业经营状况。

三、应收账款清偿

应收账款作为清偿债权的一种方式，对于普通债权人而言，其清偿率高于货币清偿率。但是对于应收账款的追收，风险较大，甚至有不能追回的风险。如果应收账款能够在不同主体间流通，有利于资源优化和再分配。另外，其清偿价值将远远高于货币清偿。

四、“债转股”清偿

对于普通债权人而言，其由债权人转为企业股东，但是重整后的企业是否可以持续良好地运营，能否为股东创造利润，存在较大不确定性。对于破产房地产企业债权人，如果不是为了持有其资产，一般不建议选择“债转股”的清偿方式。

五、信托收益权分配清偿

在破产程序中，信托财产需要由专业机构根据资产的实际情况选择最佳方式进行管理与处置，实现破产财产的价值最大化。但是因其公允价值难以统一计量，清偿率测算存在一定难度，无法在重整计划中注明清偿率。但相较于传统的债权清偿方式，信托作为一种成熟的金融工具，在破产程序中，运用逐步增多。

第 112 问：重整期间，债务人股东持有的股权可否转让？

《企业破产法》第七十七条规定，在重整期间，债务人的出资人不得请求投资收益分配。在重整期间，债务人的董事、监事、高级管理人员不得向第三人转让其持有的债务人的股权。但是，经人民法院同意的除外。在司法重整阶段禁止“董监高”股权转让，因上述人员在企业经营中具有决策权，防止其转让股权目的在于提高重整可能性。若在重整期限内允许上述人员转让股权，会影响投资人的投资信心，给重整带来阻碍，也会减少债权人对重整的信心。但因企业需要而转让股权，应当秉持诚实信用原则，在管理人、法院、债权人的监督之下公开进行股权转让，遵循实现财产价值最大化、有利于重整等原则，最终由人民法院决定。

第 113 问：破产案件中出资人权益如何调整？

《公司法》第三条第一款规定："公司是企业法人，有独立的法人财产，享有法人财产权。公司以其全部财产对公司的债务承担责任。"第四条规定："公司股东依法享有资产收益、参与重大决策和选择管理者等权利。"由此可知，企业成立后股东和企业各自享有股权和法人财产的法定权利，并相互分离独立，股东仅能以股权所有者的身份享有收益权等股东权利，而不能以原财产所有者之身份享有对企业法人财产的直接支配权①。

出资人权益调整即为企业股东权益的调整，是指在重整程序中，对重整企业的股权结构进行优化、调整，使困境企业获得重生的一项重整措施。目前实践过程中出资人权益调整的具体方式主要有三种。

一、企业原股东无偿让渡所持破产企业股权

根据《企业破产法》第二条的规定可知，进入破产程序的企业可能自身存在两种不同的情形，其一为资产不足以清偿全部债务，即"资不抵债"的情形；其二为明显缺乏清偿能力或者明显丧失清偿能力可能的，即可认为其具有"资能抵债"的情形。此种情形下，实践中，管理人一般会根据破产程序中审计、评估最终的结果，在重整计划草案中对出资人权益进行调整，并设立出资人组进行投票表决。自人民法院裁定批准重整计划后，企业原股东根据重整计划的规定，向重整投资人无偿让渡所持破产企业的股权。

二、"债转股"

王欣新教授认为，"债转股"的属性实质上是债权人以其对债务人企业享有的债权转换为对债务人企业的股权出资的形式来抵销对获得企业股权的出

---

① 徐开墅、白树锋：《论法人财产权与股东所有权——兼论企业法中国家所有权的内涵》，载《社会科学》1996 年第 8 期。

资缴纳义务，具有债务清偿和债权出资的双重属性。实践中为保障重整计划顺利通过及执行，管理人通常在重整计划草案中，将“债转股”的清偿方式与其他清偿方式进行结合，实现多样化的债权清偿方式。

以房地产企业破产重整案件为例，重整计划的偿债资金主要来源于三方面，其一为债务人自身资产的变现，如剩余房地产企业所持的土地、剩余房源、地下室、车位等主要固定资产或其他主要无形资产；其二为债务人营业过程中的收入，主要为重整期间的营业收入以及重整计划执行过程中的营业收入；其三为重整投资人的投资资金，实践中房地产企业破产重整的关键点往往在于能否找到一笔足以“撬动”现有资产的重整资金，重整资金主要用于债务人的生产经营。由于重整现金流缺乏，“债转股”的清偿方式根据债权清偿比例的大小，主要有以下三种：

（一）大幅度提升清偿率的清偿方式：“全部债转股”或“留债清偿＋债转股”的方式；

（二）提升清偿率较高的清偿方式：“部分现金＋部分债转股”的方式；

（三）清偿率较低的清偿方式：“债转股＋现金清偿选择权”，即债权人不同意债权股的，可以选择全部现金清偿的方式。

三、资本公积金转增股本

资本公积金主要是由企业自身资产、资本及其他各种原因形成资产增值权益，与企业自身的生产经营活动没有直接关系。实践中常见的形式主要为上市公司发行股票的溢价收入。该项权益经过法定程序可以转增为公司股本。上市公司重整案件之中，涉及出资人权益调整时，主要通过该方式改变公司股权结构并将本属于股东的新增股票按照法定程序分配至债权人或重整投资人，用于清偿债务人或置换重整投资资金，进而提升上市公司重整成功率。

第 114 问：房地产企业破产案件，企业股权被质押如何处理？

一般观点认为，当企业进入破产程序后，清算程序中股东股权权益作为劣后债权处理。而在重整程序中，由于《企业破产法》并未排除股东的参与权与表决权，因此一般在重整计划草案中，管理人会根据最终的审计、评估结果，就出资人权益进行调整，并由出资人进行投票表决。当出资人权益为负值时，股权价值一般将调整为零。在此种情形下，若重整企业选择“清算式”的重整模式，同时出资人权益上存在股权质押的，根据《民法典》第四百四十四条第二款的规定，股权出质后，只能经出质人与质权人协商一致才可以转让。若质权人不配合解除质押手续，将导致新的重整投资人无法“进场”的情况出现。针对此种情况，结合实务经验。主要有以下几种处理方式。

一、注重在重整计划草案中嵌入“质押权人配合解除质押权等事项”的内容

重整计划草案作为企业重整案件的核心，经债权人表决通过及人民法院裁定批准后，对全体债权人及债务人均具有约束力，是重整计划执行的重要依据。因此在实践中，管理人或债务人制作重整计划草案时，应当注重在草案嵌入“质押权人配合解除质押权等事项”的义务，为后续办理解除股权质押等事项提供依据。

二、与质押权人积极协商，要求其履行解除质押义务

参照河南省高级人民法院发布的《审理企业重整案件的工作指引》第六十三条的规定：“重整计划所调整的股权未被质押与冻结，出资人应当配合办理股权转让手续。债务人进入重整程序前资不抵债，重整计划所调整的股权已设定质押的，质押权人应当配合办理解除股权质押手续。”由此可知，为保障重整计划顺利执行，质押权人有配合管理人办理解除股权质押等事项的义务。实践中管理人可与其积极协商，要求其履行相应义务。

三、由人民法院出具解除质押的协助执行通知书，由管理人到相关登记机关办理变更登记

若协商不成，债权人不予配合解除股权质押，可以参照江苏省高院、江苏省市场监督管理局发布的《关于做好破产企业登记事项办理优化营商环境的实施意见》第五条，湖南省高院、湖南省市场监督管理局发布的《关于推进企业破产程序中公司登记便利化的实施意见》第六条，深圳中院发布的《深圳市中级人民法院审理企业重整案件的工作指引（试行）》第一百零九条，重庆中院发布的《重庆破产法庭企业破产案件审理指南（试行）》第一百二十七条等条文的规定，当重整计划调整的股权设定质押时，质押权人应当配合解除。管理人无法申请办理股东变更登记的，破产法院可以采取出具协助执行通知书的方式，通知市场监管部门协助解除查封、涤除质押，并办理股权变更登记。除上述由法院出具协助执行通知书的方式外，参照《河北省高级人民法院破产案件审理规程（试行）》第九十四条规定："重整计划涉及出资人权益调整事项的，原出资人应当配合办理股权变更登记。无法办理股权变更登记的，管理人可以依据人民法院批准重整计划裁定书申请强制执行。"

实践中，笔者律师团队在承办的某太房地产开发有限公司破产重整案中，在重整计划草案中明确了质押权人配合解除股权质押的义务，但在重整计划草案经债权人会议表决通过及人民法院裁定批准后，质押权人中国某资产股份管理有限公司河北分公司仍拒绝解除股权质押，因此管理人采取由法院出具协助执行通知书的方式，并持破产重整受理裁定书、指定管理人决定书、批准重整计划裁定书，到市场监管部门办理了解除股权质押并完成股权变更手续，进一步推动了重整计划的顺利执行。

第 115 问：房地产企业破产案件中，如何保障重整计划草案顺利通过？

重整计划草案制定后，如何保证其在债权人会议中顺利表决通过，是决定重整成功与否的关键一步。尤其是实践中，债权人之间利益错综复杂，各个组债权人之间、同一组债权人之间存在种种矛盾。《企业破产法》第八十二条规定："下列各类债权的债权人参加讨论重整计划草案的债权人会议，依照下列债权分类，分组对重整计划草案进行表决：（一）对债务人的特定财产享有担保权的债权；（二）债务人所欠职工的工资和医疗、伤残补助、抚恤费用，所欠的应当划入职工个人账户的基本养老保险、基本医疗保险费用，以及法律、行政法规规定应当支付给职工的补偿金；（三）债务人所欠税款；（四）普通债权。人民法院在必要时可以决定在普通债权组中设小额债权组对重整计划草案进行表决。"第八十四条第二款规定："出席会议的同一表决组的债权人过半数同意重整计划草案，并且其所代表的债权额占该组债权总额的三分之二以上的，即为该组通过重整计划草案"，第八十六条第一款规定："各表决组均通过重整计划草案时，重整计划即为通过。"结合实践经验，可以从以下几方面着手。

一、债权人会议召开前，适时公布重整计划草案内容，一方面，充分保障债权人知情权；另一方面，通过让债权人充分知悉清偿方案，尤其是与清算相比的清偿比例，形成一定心理预期，提升重整成功意愿。

二、优化表决分组设置。根据债权类型设置不同的表决分组，将同一性质债权放于同一个表决组。同时根据实际情况，在《企业破产法》第八十二条规定的基础上增设债权组。通过优化表决分组设置，尤其是房地产企业破产重整案中，还可以增设回迁类债权、消费性购房类债权、建设工程类债权等债权分组，防止陷入表决不能的僵局。

三、可采用默示、禁反言等规则。实务中，对于有表决权的债权人，其未在债权人会议规定的时间内进行表决，即视为"同意"。同时，破产重整涉及多个环节，尤其是预重整制度的引入，债权人在预重整阶段的承诺不能因进入重整阶段而反悔。[①] 例如浙江省高级人民法院对此就有明确规定。

四、在表决环节，抓住会前、会中两个表决节点，拓展表决方式，采取线上、线下、短信等多种投票形式，方便债权人积极投票表决，保证重整计划草案顺利通过。

① 潘幼亭、朱晋华：《破产重整计划表决机制完善研究——以规范重整计划强制批准为基点》，载王欣新、郑志斌主编：《破产法论坛》（第二十辑），法律出版社 2021 年版，第 167 页。

第 116 问：房地产企业破产案件中，重整计划草案未表决通过如何救济？

重整计划草案未表决通过，并不意味着重整失败，《企业破产法》设计了两种救济措施：二次表决制度和法院的“强裁权”，规定在《企业破产法》第八十七条。

第八十七条第一款规定的是二次表决制度：“部分表决组未通过重整计划草案的，债务人或者管理人可以同未通过重整计划草案的表决组协商。该表决组可以在协商后再表决一次。双方协商的结果不得损害其他表决组的利益”。如果二次表决重整计划草案通过，债务人或管理人应提请人民法院裁定批准；如果二次表决未通过，根据债务人或管理人的申请，就会进入下一步“申请法院批准”。但这里需要注意的是，如果出现降低其他表决组清偿比例、延长其他表决组清偿期限、改变清偿顺位、扩大本组清偿份额等情形，会被认定为“双方协商的结果损害其他表决组的利益”。

第二款规定的是法院可以批准重整计划草案：“未通过重整计划草案的表决组拒绝再次表决或者再次表决仍未通过重整计划草案，但重整计划草案符合下列条件的，债务人或者管理人可以申请人民法院批准重整计划草案：（一）按照重整计划草案，本法第八十二条第一款第一项所列债权就该特定财产将获得全额清偿，其因延期清偿所受的损失将得到公平补偿，并且其担保权未受到实质性损害，或者该表决组已经通过重整计划草案；（二）按照重整计划草案，本法第八十二条第一款第二项、第三项所列债权将获得全额清偿，或者相应表决组已经通过重整计划草案；（三）按照重整计划草案，普通债权所获得的清偿比例，不低于其在重整计划草案被提请批准时依照破产清算程序所能获得的清偿比例，或者该表决组已经通过重整计划草案；（四）重整计划草案对出资人权益的调整公平、公正，或者出资人组已经通过重整计划草案；（五）重整计划草案公平对待同一表决组的成员，并且所规定的债权清偿顺序不违反本法第一百一十三条的规定；（六）债务人的经营方案具有可行性。”

由此可知，重整计划草案是否表决通过，对人民法院是否批准重整计划会有一定影响但非绝对性影响。

第 117 问：人民法院裁定批准重整计划的审查要点有哪些？

《企业破产法》第八十六条规定，各表决组均通过重整计划草案时，重整计划即为通过。债务人或管理人应当自重整计划通过之日起十日内向人民法院提请批准。人民法院经审查认为符合法律规定，应当裁定批准重整计划。《全国法院破产审判工作会议纪要》第十七条规定[①]，人民法院审查通过重整计划应主要审查以下几方面：

一、债权人会议的召开是否违反了法定的程序，比如是否在法律规定时间内通知债权人参加债权人会议，或是否在法律规定时间内召开了债权人会议；

二、债权人会议的表决是否违反了法定程序，比如是否达到了重整计划通过的法定标准；

三、重整计划的内容是否违法，比如重整计划是否违反了公平清偿的原则或者是否包含了经营方案、执行期限等法律规定的全部内容；

四、重整计划是否具有可行性，比如重整计划制定的债权偿还方式、偿还时间是否可行。

① 《全国法院破产审判工作会议纪要》第十七条："重整计划的审查与批准。重整不限于债务减免和财务调整，重整的重点是维持企业的营运价值。人民法院在审查重整计划时，除合法性审查外，还应审查其中的经营方案是否具有可行性。重整计划中关于企业重新获得盈利能力的经营方案具有可行性、表决程序合法、内容不损害各表决组中反对者的清偿利益的，人民法院应当自收到申请之日起三十日内裁定批准重整计划。"

第 118 问：管理人如何监督重整计划的执行？

重整计划经人民法院裁定批准后，由债务人负责执行；管理人在监督期内监督债务人执行，债务人应当向管理人报告重整计划的执行情况和债务人财务状况；监督期满时，管理人应向人民法院提交监督报告；经管理人申请，人民法院可以裁定延长重整计划执行的监督期限。以上是《企业破产法》第八十条、第八十一条、第九十条对于重整计划的执行与监督内容比较概括的规定。

实务中，管理人如何把握监督的尺度，如何平衡监督责任与债务人自主经营的权利，是重整计划能否有效执行的难点与关键。如果管理人对债务人执行重整计划的监督过于宽松，可能引发债务人的道德风险，从而导致重整计划执行失败；如果管理人监督得过于严苛，可能侵害债务人自主经营权，从而不能实现重整价值的最大化，影响债权清偿。

基于上述情况，管理人可以根据不同的项目特点及重整模式，在重整计划草案制定过程中，充分和重整投资人或债务人沟通经营方案及清偿方案的可行性，同时将监督的具体措施和边界结合监督职责在重整计划草案中进行明确。这样，重整计划经法院裁定批准后，管理人行使监督职责时有更充分的依据，最终为重整计划的顺利执行夯实基础。

第 119 问：重整计划无法执行的，利害关系人如何处理？

重整计划执行过程中会面临一系列问题，尤其是房地产企业遗留问题多，涉及协调多个职能部门和利益群体。因此，重整计划执行期间不能排除债务人不能执行或者不执行重整计划的情况。如果出现上述情况，根据《企业破产法》第九十三条规定[①]，管理人、利害关系人可以请求人民法院裁定终止重整计划的执行，并宣告债务人破产，但为重整计划的执行提供的担保继续有效。重整计划中债权调整的承诺失去效力，债权人所受清偿仍然有效，未受清偿的部分作为破产债权参与分配。

此外，因出现国家政策调整、法律修改变化等特殊情况，导致原重整计划无法执行的，债务人或管理人可以申请变更重整计划一次。债权人会议决议不同意或者人民法院不批准变更申请的，利害关系人仍可以请求人民法院裁定终止重整计划的执行。[②]

实务中，还可能出现因重整投资人违约而使重整计划无法执行的情况。此时，利害关系人除了上述救济手段外，还可以根据或参照重整投资人签订的重整投资协议以及履行重整计划承诺书等有效文件，要求管理人、债务人追究重整投资人相应的违约责任。因此，管理人或债务人在引进重整投资人

---

① 《企业破产法》第九十三条："债务人不能执行或者不执行重整计划的，人民法院经管理人或者利害关系人请求，应当裁定终止重整计划的执行，并宣告债务人破产。人民法院裁定终止重整计划执行的，债权人在重整计划中作出的债权调整的承诺失去效力。债权人因执行重整计划所受的清偿仍然有效，债权未受清偿的部分作为破产债权。前款规定的债权人，只有在其他同顺位债权人同自己所受的清偿达到同一比例时，才能继续接受分配。有本条第一款规定情形的，为重整计划的执行提供的担保继续有效。"

② 《全国法院破产审判工作会议纪要》第十九条："重整计划执行中的变更条件和程序。债务人应严格执行重整计划，但因出现国家政策调整、法律修改变化等特殊情况，导致原重整计划无法执行的，债务人或管理人可以申请变更重整计划一次。债权人会议决议同意变更重整计划的，应自决议通过之日起十日内提请人民法院批准。债权人会议决议不同意或者人民法院不批准变更申请的，人民法院经管理人或者利害关系人请求，应当裁定终止重整计划的执行，并宣告债务人破产。"

时，需要将相关的违约条款约定好或嵌入到重整计划草案，并要求重整投资人作出履行承诺。利害关系人在行使《企业破产法》赋予的权利时，也要着重对上述内容的制定提出建议、做好监督。

第 120 问：重整计划执行期间的诉讼管辖如何处理？

《企业破产法》第二十一条规定，人民法院受理破产申请后，适用集中管辖原则，由受理破产申请的人民法院统一受理有关债务人的民事诉讼。这一规定的目的在于协调破产案件和债务人其他诉讼的审理进度，推动破产程序的顺利进行。但是在重整计划执行期间的诉讼管辖问题处理情况分为以下三种。

一、债务人民事诉讼案件在重整计划执行之前立案，在重整计划执行期间进行审理，此诉讼仍然适用《企业破产法》第二十一条的规定，适用集中管辖原则。

二、在重整计划执行之前发生的事实或事件，在重整计划执行期间提起的诉讼，例如，破产债权确认之诉。此类诉讼虽然是在重整计划执行期间提起的，但是不属于在重整计划执行期间新发生的事实或事件引发的，而是在重整计划执行之前产生的。因此，仍然适用《企业破产法》第二十一条的规定，适用集中管辖原则。

三、在重整计划执行期间，新发生的事实或事件引发的有关债务人的民事诉讼，并无与债务人破产重整案件审理相协调的必要，因此不应适用《企业破产法》第二十一条的规定。《全国法院民商事审判工作会议纪要》第一百一十三条第二款规定，重整计划执行期间，因重整程序终止后新发生的事实或者事件引发的有关债务人的民事诉讼，不适用《企业破产法》第二十一条有关集中管辖的规定。除重整计划有明确约定外，上述纠纷引发的诉讼，不再由管理人代表债务人进行。

第 121 问：破产企业如何进行信用修复？

实践过程中，关于破产企业的信用修复主要围绕：纳税信用修复、工商信用修复、司法信用修复、金融信用修复及其他特殊行业相关信用修复五个方面，根据实践经验及相关法律法规、规范性文件，总结为以下几点。

一、纳税信用修复

税务系统中关于纳税信用修复的具体做法为撤出税收违法黑名单及纳税信用等级。国家发展和改革委员会、最高人民法院、财政部等十三部委于 2021 年 2 月 25 日发布的《关于推动和保障管理人在破产程序中依法履职进一步优化营商环境的意见》（发改财金规〔2021〕274 号）第五条第十四项规定："支持企业纳税信用修复。重整或和解程序中，税务机关依法受偿后，管理人或破产企业可以向税务机关提出纳税信用修复申请，税务机关根据人民法院出具的批准重整计划或认可和解协议的裁定书评价其纳税信用级别。已被公布重大税收违法失信案件信息的上述破产企业，经税务机关确认后，停止公布并从公告栏中撤出，并将相关情况及时通知实施联合惩戒和管理的部门。有关部门应当依据各自法定职责，按照法律法规和有关规定解除惩戒，保障企业正常经营和后续发展。（税务总局及相关部门按职责分工负责）"上述规定基本明确了纳税信用修复的处理路径、申请主体、负责主体、时间节点以及相应的准备材料。

二、工商信用修复

企业工商信用的缺陷主要体现在"国家企业信用公示系统"等企业查询系统中显示的行政处罚、司法风险、不良记录、经营异常、严重违法失信信息上，目前部分企业查询系统上已经加入破产重整栏目，可以显示关于破产重整的公开信息。但是当企业完成破产重整后，其相关负面信息并不会自动消除。新的企业虽然得以"涅槃重生"，但是相关不良信息仍会"如影随形"，影响重生企业的经营活动。目前关于工商信用修复的具体处理路径，可以参照湖北省十堰市中级人民法院联合多部门发布的《十堰市破产重整、和解企业信用修复办法》第二条规定：“1. 人民法院裁定批准重整、和解方案后，重整、和解企业或管理人持申请书、人民法院批准重整、和解方案裁定书向市发改委申请企业信用修复，市发改委应依法依规在 7 个工作日内将重整、和解成功的企业通过信用中国（湖北十堰）网站进行公示，及时将重整、和解企业信用修复信息与有关部门共享。2. 人民法院裁定批准重整、和解方案后，重整、和解企业或管理人持申请书、人民法院批准重整、和解方案裁定书向市场监管部门申请企业信用修复的，市场监管部门应按照《市场监督管理信用修复管理办法》第十条规定，将符合条件的重整、和解企业移出经营异常名录或严重违法失信名单，依法解除相关管理措施，并通过国家企业信用信息公示系统等渠道公示，按规定及时将信用修复信息与有关部门共享，促进重整、和解企业的市场信用修复。”

三、司法信用修复

关于企业的司法信用惩戒信息在“中国执行信息公开网”等企业信息查询系统的司法风险专栏都可以直接查询到，如果司法惩戒信息一直未被解除，则上述查询系统将持续显示具体的惩戒信息。例如，企业被列为失信被执行人、被限制高消费、法院强制执行情况、终结本次执行程序及相应惩戒措施依据的文书都将持续公开。根据《最高人民法院关于公布失信被执行人名单信息的若干规定》（法释〔2017〕7 号）第十条第一款第五项以及第二款的规定，对于因审判监督或破产程序，人民法院依法裁定对失信被执行人中止执行的，人民法院应当在三个工作日删除失信信息。因此当企业进入破产重整程序之后，管理人依据法院出具的裁定书，可以向法院提出申请，对涉及破产企业的失信信息予以删除。但是实践过程中，向异地法院申请司法信用修复时，可能会出现沟通不畅的情况，届时需要管理人请求受理破产的法院向异地法院发送协助函或商请函，通过法院系统内部的沟通，协助办理司法信用修复问题。

四、金融信用修复

根据国家发展和改革委员会、最高人民法院、财政部等十三部委发布的《关于推动和保障管理人在破产程序中依法履职进一步优化营商环境的意见》第四条第九项的规定："支持重整企业金融信用修复。人民法院裁定批准重整计划或重整计划执行完毕后，重整企业或管理人可以凭人民法院出具的相应裁定书，申请在金融信用信息基础数据库中添加相关信息，及时反映企业重整情况。鼓励金融机构对重整后企业的合理融资需求参照正常企业依法依规予以审批，进一步做好重整企业的信用修复。（人民银行、银保监会、证监会等按职责分工负责）"

五、其他特殊行业相关信用修复

实践中，不同的重整企业因其经营方向及行业的不同涉及其他不同的信用失信问题，例如房地产企业可能会涉及自然资源与规划等国土部门的信用惩戒，该类信用惩戒往往因为没有明确的修复办法或沟通不畅等问题难以解决，因此在信用修复过程中要注重发挥"府院联动"机制在重整程序中的重要作用。《全国法院破产审判工作会议纪要》第二十一条规定，人民法院要通过加强与政府的沟通协调，帮助重整企业修复信用记录，依法获取税收优惠，以利于重整企业恢复正常生产经营。可知，当企业进入破产重整程序后，一般情况下企业信用修复的主体除管理人、债务人、重整投资人外，还应积极引导法院及政府相关部门参与，充分发挥"府院联动"机制在重整程序中的重要作用，高效协同助力破产企业信用修复，最大限度减少企业信用修复的时间成本和机会成本。[①]

---

① 吴晶妹：《开展信用修复工作的现实意义与路径》，载《中国信用》2019 年第 8 期，第 110—112 页。

第九章　和解

第 122 问：什么是破产和解？这一制度有哪些优势？

破产和解是指具有破产原因的企业直接或者在人民法院受理破产申请后、宣告债务人破产前，自行向人民法院申请和解并提交和解协议草案。人民法院经过审查认为和解申请符合《企业破产法》规定的，裁定和解后予以公告，并召集债权人会议讨论和解协议草案。经法院认可通过债权人会议决议的和解协议草案后终止破产程序，从而预防企业破产的法律制度。规定在我国《企业破产法》第二条、第七条、第九十五条、第九十六条、第九十七条、第九十八条。

一、破产和解协议的效力

《企业破产法》第一百条第一款、第三款规定：经人民法院裁定认可的和解协议，对债务人和人民法院受理破产申请时对债务人享有无财产担保债权的全体和解债权人均有约束力。和解债权人未依照本法规定申报债权的，在和解协议执行期间不得行使权利；在和解协议执行完毕后，可以按照和解协议规定的清偿条件行使权利。由此可知，和解债权人对债务人的保证人和其他连带债务人所享有的权利，不受和解协议的影响。和解债权人按照和解协议减免的债务，自和解协议执行完毕时起，债务人不再承担清偿责任。

二、破产和解制度的优势

（一）破产和解是化解困境房地产企业债务危机的简洁途径

对债务人来说，可以由其充分结合自身财务、人力等状况，自行拟定清偿方案，减少资产的对外流失；对于法院来说，仅需要审查是否受理申请以及是否认可和解协议即可终结和解程序，程序简洁，节省司法资源，也避免出现大量债权人诉讼涌入法院的情形；对于债权人来说，能够充分了解企业的现状，并且能够与同类型债权人获得同比例清偿，减少同类不同偿的顾虑。

（二）破产和解能最大限度保护债权人的权益

破产和解建立在债务人与债权人直接协商的基础上，双方能够对债务人财产的处置、清偿比例进行充分磋商，保障资产的优化处置。

（三）破产和解能够提高债务人自救成功的概率

破产和解制度使债务人获得与债权人充分协商的机会，使得债务的清偿期限有望延长，甚至清偿数额也有望大幅度减少。企业基于此获得暂时的发展机会，大大提高债务人自救成功的概率。

（四）破产和解是维护社会经济秩序稳定的有效手段

破产和解制度避免因企业破产而可能导致的项目烂尾、资源浪费、职工失业等相关社会民生问题。

（五）破产和解过程中清偿债务与债务妥协相结合，能够充分给予企业重生的机会

该制度不仅要求债权人与债务人双方意思表示一致，也允许一部分债权人持不同意思表示，但只要大多数债权人通过并经法院认可，则可以使全部债权人受该破产和解协议的约束，有效保障债务人通过司法途径顺利摆脱破产危机，获得重生的机会。

第 123 问：如何启动破产和解程序？

《企业破产法》第二条、第七条、第九十五条、第九十六条、第九十七条、第九十八条、第九十九条对提出和解的前提条件、主体身份、启动时间节点、启动后的程序作出相应的规定。

一、由具备破产条件的债务人向人民法院提出破产和解申请

破产和解程序的启动只有债务人有权申请。债务人出现《企业破产法》第二条"企业法人不能清偿到期债务，并且资产不足以清偿全部债务或者明显缺乏清偿能力的，依照本法规定清理债务。企业法人有前款规定情形，或者有明显丧失清偿能力可能的，可以依照本法规定进行重整"规定之情形，可以向人民法院提出重整、和解或者破产清算申请，即从上述程序中三选一。依据《企业破产法》第七条的规定，符合法定条件的债务人在申请破产和解时，应当向法院提交和解协议草案。

二、破产和解程序的启动时间

《企业破产法》第九十五条第一款规定，出现上述破产原因的债务人可以直接向人民法院申请和解，也可以在人民法院受理破产申请后、宣告债务人破产前向人民法院申请和解。

三、申请破产和解后的法定处理方式

《企业破产法》第九十六条第一款规定："人民法院经审查认为和解申请符合本法规定的，应当裁定和解，予以公告，并召集债权人会议讨论和解协议草案。"破产和解是债务人与债权人之间就延期偿还、减免债务、履行方式等问题达成协议，以双方当事人的意思表示一致为成立条件。但破产和解协议无需全体债权人与债务人均达成一致意思表示，一定程度上提升了达成和解协议的成功率。

从《企业破产法》第九十七条、第九十八条、第九十九条等条款来看，破产和解程序具有一定的司法干预性。倘若债权人会议通过和解协议，可以由人民法院裁定认可，终止和解程序，并予以公告。此时，管理人应当向债务人移交财产和营业事务，并向人民法院提交执行职务的报告。倘若和解协议草案未经债权人会议表决通过，或者经债权人会议通过的和解协议未被人民法院认可的，人民法院同样应当裁定终止和解程序，但债务人的结局是被宣告破产。

第 124 问：和解协议的生效条件及法律效果有哪些？

一、根据《企业破产法》第九十七条、第九十八条、第九十九条规定，和解协议生效的条件有三点

（一）债权人会议通过和解协议。破产和解协议需要经债权人会议中有表决权的债权人过半数同意，并且其所代表的债权额占无财产担保债权总额的三分之二以上的债权人表决通过。需要特别注意的是，上述债权人的表决通过后，该和解协议暂时不具备法律效力。

（二）法院裁定认可和解协议并终止和解程序。债权人会议通过和解协议后由人民法院裁定认可，终止和解程序，并予以公告。管理人应当向债务人移交财产和营业事务，并向人民法院提交执行职务的报告。

（三）和解协议的否决与宣告破产。和解协议未获债权人会议通过或未经人民法院审查通过，则人民法院直接宣告债务人破产，同时终结和解程序。

二、根据《企业破产法》第一百条、第一百零一条、第一百零二条规定，和解协议的法律效果根据主体的不同可分为以下两种

（一）对债务人的效力。1. 债务人应当按照和解协议规定的清偿债务的比例、期限等条件清偿债务。2. 债务人不得在和解程序中进行个别清偿，无论是和解债权人还是未进行申报债权的其他债权人，债务人均不得给予和解协议以外的额外利益。3. 债务人的财产状况好转，可选择公平地给全体和解债权人增加同比例的清偿利益。4. 债务人完全履行和解协议后，对于和解协议中涉及的债权部分视为全部清偿。对于和解债权人在和解协议中放弃的债权部分，债务人不再承担责任。

（二）对债权人的效力。1. 债务人应当按照和解协议规定的数额、时间和方式请求和接受清偿。2. 不得超出和解协议约定的范围进行个别追索。3. 请求和接受债务人财产状况好转后，公平地给全体和解债权人增加同等比例清

偿利益。4. 和解债权人未依照本法规定申报债权的，在和解协议执行期间不得行使权利；在和解协议执行完毕后，可以按照和解协议规定的清偿条件行使权利。

三、和解协议的法律效果，按照履行情况可分为以下三种

（一）和解协议完全履行。和解协议的生效，对全体无财产担保的债权人都具有约束力。债务人应当按照和解协议规定的条件清偿债务。债权人应遵守诚实信用原则按照和解协议的表决内容，给予债务人一定的期限利益和减免债务的利益。同时，和解协议生效时未申报债权的债权人，在和解协议执行期间不得行使权利，在和解协议执行完毕时，可以按照和解协议规定的清偿条件行使权利。基于此，自和解协议执行完毕时起，按照和解协议减免的债务，债务人不再承担清偿责任。

（二）和解协议无效。和解协议无效由人民法院进行裁定。和解协议因债务人的欺诈或者其他违法行为而成立时，人民法院应当裁定和解协议无效，并宣告债务人破产。和解协议被裁定无效后，和解债权人在执行和解协议期间所受的清偿，在其他债权人所受清偿同等比例的范围内，不予返还。

（三）债务人不能执行或者不执行和解协议的。破产和解协议因债务人不能执行或者不执行和解协议的，和解债权人可以请求人民法院裁定终止和解协议的执行，并宣告债务人破产。若人民法院裁定终止和解协议执行，那么和解债权人因和解而放弃的债权部分失效，债权人承诺的让步灭失，和解债权人的债权恢复至原始状态。债务人在计算债权时仍应以和解债权人的原始债权为准重新分配财产。但和解债权人因执行和解协议所受的清偿仍然有效，未受清偿的部分作为破产债权行使权利。若债权人所受清偿不均，执行和解协议的债权人已受部分清偿，应等待其他同类型的债权人与自己所受的清偿达到同一比例时，才能继续接受分配。为和解协议的成立和执行所设立的保证和物的担保继续有效，有关财产应作为破产财产进行破产清算。

第十章　破产清算

第 125 问：在法院作出破产宣告裁定后，债务人企业如何获得“再生”机会？

《企业破产法》第一百零五条规定：“人民法院受理破产申请后，债务人与全体债权人就债权债务的处理自行达成协议的，可以请求人民法院裁定认可，并终结破产程序。”该条款属于民事和解的范畴。《全国法院破产审判工作会议纪要》也有相关的指导精神。法院作出破产宣告裁定后，债务人企业并非只能被清算注销，还可以借助破产法上的民事和解规定挽救企业。

依据上述规定，民事和解在受理破产申请后至破产程序终结前全程适用。因此，在法院作出宣告破产裁定后，债务人也可以通过民事和解获得重生的机会。不同于破产和解的是，民事和解需要与全体债权人均达成一致意见，这明显增加了沟通成本，也为衡量和平衡各方利益提出更大的挑战，但是也为债务人度过危机开辟新的渠道，为企业提供恢复原始债权债务关系的机会，使各方当事人之间能够通过意思自治，达成民事和解，更好地解决债权债务纠纷和企业经营发展问题。依据上述法律规定，启动民事和解的前提是先由债务人与全体债权人就债权债务的处理自行达成协议，然后提交已经签订好的协议请求人民法院裁定认可，同时终结破产程序。那么对于达成民事和解后，债务人履行不能的救济途径，是债权人申请对债务人进行破产清算或者对法院认可和解协议的裁定申请强制执行。

不同于破产和解，民事和解中未依法申报债权的债权人，不受协议规定的清偿内容的限制，仍可就其与债务人的原始债权债务关系主张权利。因此，民事和解相较于破产和解协议对全体和解债权人的效力而言，存在无法进行统一公平清偿的弊端，这也将使债务人在和解协议履行中，随时可能面临新的债务清偿困境。但总体来讲，民事和解给企业债务清偿方案的制度带来挑战的同时，也赋予企业重新生存的机会。

第 126 问：破产案件中别除权的行使和限制条件有哪些？

别除权是指债权人因其债权设有物权担保，而就债权人特定财产享有的优先受偿权，别除权的权利基础来源于担保物权。根据《民法典》相关规定，担保物权指抵押权、质押权、留置权。《企业破产法》第一百零九条规定：“对破产人的特定财产享有担保权的权利人，对该特定财产享有优先受偿的权利。”

一、别除权行使的方式

（一）别除权人应当按照法定程序通过管理人行使权利

《最高人民法院关于适用〈中华人民共和国企业破产法〉若干问题的规定（二）》第三条：“债务人已依法设定担保物权的特定财产，人民法院应当认定为债务人财产。对债务人的特定财产在担保物权消灭或者实现担保物权后的剩余部分，在破产程序中可用以清偿破产费用、共益债务和其他破产债权。”债务人已依法设定担保物权的特定财产，为债务人财产。在债务人进入破产程序之后，权利人应当通过管理人行使其优先权。

（二）别除权的不完全实现与放弃

《企业破产法》第一百一十条规定：“享有本法第一百零九条规定权利的债权人行使优先受偿权利未能完全受偿的，其未受偿的债权作为普通债权；放弃优先受偿权利的，其债权作为普通债权。”

二、破产程序中对别除权行使的限制

（一）破产重整期间的别除权

《企业破产法》第七十五条第一款规定：“在重整期间，对债务人的特定财产享有的担保权暂停行使。但是，担保物有损坏或者价值明显减少的可能，足以危害担保权人权利的，担保权人可以向人民法院请求恢复行使担保权。”

重整期间为了避免因担保物的随意变价处置而影响企业的生产经营，采取暂停行使别除权的方式，力求对债务人财产以及债权人债权产生双重保障效果。

《全国法院民商事审判工作会议纪要》第一百一十二条第一款规定："重整程序中，要依法平衡保护担保物权人的合法权益和企业重整价值。重整申请受理后，管理人或者自行管理的债务人应当及时确定设定有担保物权的债务人财产是否为重整所必需。如果认为担保物不是重整所必需，管理人或者自行管理的债务人应当及时对担保物进行拍卖或者变卖，拍卖或者变卖担保物所得价款在支付拍卖、变卖费用后优先清偿担保物权人的债权。"这是对重整中担保物权恢复行使的规定，加大了对担保物权人的保护力度。

（二）破产和解程序中的别除权

《企业破产法》第九十六条第二款规定："对债务人的特定财产享有担保权的权利人，自人民法院裁定和解之日起可以行使权利。"破产和解期间别除权行使不受限制。

（三）破产清算程序中的别除权

《全国法院破产审判工作会议纪要》第二十五条第一款规定："破产清算与破产和解程序一样，对债务人特定财产享有担保权的债权人可以随时向管理人主张就该特定财产变价处置行使优先受偿权，管理人应及时变价处置，不得以须经债权人会议决议等为由拒绝。但因单独处置担保财产会降低其他破产财产的价值而应整体处置的除外。"关于表决权，《企业破产法》第五十九条第三款规定："对债务人的特定财产享有担保权的债权人，未放弃优先受偿权利的，对于本法第六十条第一款第七项、第十项规定的事项不享有表决权。"据此可知，在破产清算程序中，因对债务人的特定财产享有优先权的债权人在破产清算期间的别除权不受影响，故在对破产财产的分配方案进行表决时，无表决权。

第 127 问：如何制定和执行破产财产变价方案和分配方案？

破产财产变价是人民法院宣布债务人破产以后，为便于清偿债权，将破产财产转化为货币或其他资产，为清偿破产债权做准备。《企业破产法》第一百一十一条规定："管理人应当及时拟订破产财产变价方案，提交债权人会议讨论。管理人应当按照债权人会议通过的或者人民法院依照本法第六十五条第一款规定裁定的破产财产变价方案，适时变价出售破产财产。"第一百一十二条第一款规定，对破产财产进行处置的方式原则上应当通过拍卖进行。但是，债权人会议另有决议的除外。《全国法院破产审判工作会议纪要》第二十六条规定，处置破产财产应当以价值最大化为原则，兼顾处置效率。对于破产财产处置方式和渠道可以进行探索。因破产财产变价目的是清偿债权人的债权，因此在制定破产财产的变价方案时应当根据破产财产的具体情况，以财产价值最大化为原则，同时要兼顾变价的效率，安排在合适的时机变现。

《企业破产法》第一百一十五条规定："管理人应当及时拟订破产财产分配方案，提交债权人会议讨论。破产财产分配方案应当载明下列事项：（一）参加破产财产分配的债权人名称或者姓名、住所；（二）参加破产财产分配的债权额；（三）可供分配的破产财产数额；（四）破产财产分配的顺序、比例及数额；（五）实施破产财产分配的方法。债权人会议通过破产财产分配方案后，由管理人将该方案提请人民法院裁定认可。"

破产财产分配方案是将破产财产如何分配给各破产债权人的文件。分配方案应当体现全体债权人共同意志，在制作分配方案时，应当结合债务人的财产状况，充分保证债权人的合法权益。

依据《企业破产法》第一百一十五条第二款、第一百一十六条规定，破产财产分配方案应提交债权人会议讨论，讨论通过由管理人提请人民法院裁定认可。经人民法院裁定认可后，由管理人按照破产财产分配方案执行。

第 128 问：房地产企业破产案件中，常见债权种类清偿顺位如何确定？

房地产企业破产案件中债权人人数众多，所涉及的债权类型包括回迁类、购房类、建设工程类、税款类、职工债权类、融资借款类、评估监理类、对特定财产享有担保的债权等多种类型的债权。《企业破产法》第一百一十三条规定，破产财产在优先清偿破产费用和共益债务后，依次清偿顺序是职工债权、税款债权、普通债权。但是基于相关法律规定及房地产企业破产重整实务经验，在普通债权之前还会存在回迁类、购房类、建设工程类、对特定财产享有担保的债权等债权的清偿顺位问题。

如第 76 问所述，回迁安置类债权享有超级优先权，优先于消费性购房受偿。但是，消费性购房与建设工程价款、对特定财产享有担保的债权之间孰先孰后仍需要予以探讨。在消费性购房者与抵押权人之间，《全国法院民商事审判工作会议纪要》第一百二十六条规定："商品房消费者的权利与抵押权的关系。根据《最高人民法院关于建设工程价款优先受偿权问题的批复》第 1 条、第 2 条的规定，交付全部或者大部分款项的商品房消费者的权利优先于抵押权人的抵押权……但应当特别注意的是，此情况是针对实践中存在的商品房预售不规范现象为保护消费者生存权而作出的例外规定，必须严格把握条件……"因此，优先于建设工程价款的消费性购房，必须符合"第 76 问"中所述法律规定的条件。

建设工程价款与对特定财产享有担保的债权孰先孰后的问题，2021 年 1 月实施的《最高人民法院关于审理建设工程施工合同纠纷案件适用法律问题的解释（一）》第三十六条规定："承包人根据民法典第八百零七条规定享有的建设工程价款优先受偿权优于抵押权和其他债权。"这里赋予了建设工程承包人的对价款受偿权优先于抵押权的地位。但需注意，本条优先于抵押权保护的仅限于建设工程"价款"，同时该司法解释第四十条对"价款"范围作了规定，不包括逾期支付建设工程价款的利息、违约金、损害赔偿金等。

综上可知，房地产企业破产重整中债权的清偿顺位是：职工债权→税款债权→回迁类债权→消费性购房债权→建设工程价款债权→对特定财产享有担保的债权→其他普通债权。多地的案例实操实践中，也多按这一顺序清偿，例如《昆明市中级人民法院关于规范全市法院房地产企业破产案件审理相关问题的指引（试行）》第二十八条的规定[①]。

① 《昆明市中级人民法院关于规范全市法院房地产企业破产案件审理相关问题的指引（试行）》第二十八条："鉴于目前法律法规中未对优先权作出系统性的规范，优先权规定分散于不同的部门法及司法解释之中，通过整理相关法律、司法解释规定，目前房地产企业破产案件中普遍存在并享有优先权的债权在破产程序中原则上应当参照如下顺序清偿：（1）被拆迁人和被征收安置人的债权请求权；（2）交付了全部或大部分购房款的消费购房者的债权请求权；（3）具有优先受偿权的建设工程价款；（4）抵押权、质押权、留置权等担保物权、预告登记对应的债权请求权及其他可适用别除权的权利。"

第 129 问：附条件、附期限的债权如何认定与处理？

《企业破产法》第四十七条规定："附条件、附期限的债权和诉讼、仲裁未决的债权，债权人可以申报。"

附条件债权的特殊之处在于其最终是否可以生效取决于所附条件的成就与否，因此在此类债权所附条件未成就之前不得对其进行分配，而是将其分配额进行提存处理。如果在最后分配时生效条件尚未达成或解除条件已经发生的，不再对其进行清偿，应当将之前提存的分配额分配给其他债权人。相反，如果在最后分配时生效条件发生或解除条件尚未达成的，便应当按照相应分配方案交付给债权人。

附期限的债权与附条件的债权相同点在于，都是将约定的时间或时间是否到来作为债权发生或终止的条件，但是不同之处在于所附期限是一定会到来的，因此在受理破产申请之时起其所附日期均视为已经到期。如果所附期限为债权生效条件，那么无论该期限是否到来均应对其债权人进行分配。

进入破产程序后，破产企业对其债务人享有的未到期债权处理问题，《最高人民法院关于审理企业破产案件若干问题的规定》第七十条规定："债务人在被宣告破产时未到期的债权视为已到期，属于破产财产，但应当减去未到期的利息。"因此，破产企业对其债务人享有的未到期债权视为到期，而利息也自破产宣告之日起停止计算。

第 130 问：破产程序终结的事由及法律效果如何？

《企业破产法》第一百二十条规定："破产人无财产可供分配的，管理人应当请求人民法院裁定终结破产程序。管理人在最后分配完结后，应当及时向人民法院提交破产财产分配报告，并提请人民法院裁定终结破产程序。人民法院应当自收到管理人终结破产程序的请求之日起十五日内作出是否终结破产程序的裁定。裁定终结的，应当予以公告。"

《企业破产法》第一百二十一条规定："管理人应当自破产程序终结之日起十日内，持人民法院终结破产程序的裁定，向破产人的原登记机关办理注销登记。"

《企业破产法》第一百二十二条规定："管理人于办理注销登记完毕的次日终止执行职务。但是，存在诉讼或者仲裁未决情况的除外。"

第 131 问：破产程序终结后新发现的债务人财产如何处理？

《企业破产法》第一百二十三条规定："自破产程序依照本法第四十三条第四款或者第一百二十条的规定终结之日起二年内，有下列情形之一的，债权人可以请求人民法院按照破产财产分配方案进行追加分配：

（一）发现有依照本法第三十一条[①]、第三十二条[②]、第三十三条[③]、第三十六条[④]规定应当追回的财产的；

（二）发现破产人有应当供分配的其他财产的。

有前款规定情形，但财产数量不足以支付分配费用的，不再进行追加分配，由人民法院将其上交国库。"

《最高人民法院关于审理企业破产案件若干问题的规定》第九十八条规定："破产程序终结后出现可供分配的财产的，应当追加分配。追加分配的财产，除企业破产法第四十条规定的由人民法院追回的财产外，还包括破产程序中因纠正错误支出收回的款项，因权利被承认追回的财产，债权人放弃的财产和破产程序终结后实现的财产权利等。"

因此，在破产程序终结后追回的财产，债权人依然有权进行分配，债权人可以向人民法院申请实现追加分配。

---

① 《企业破产法》第三十一条："人民法院受理破产申请前一年内，涉及债务人财产的下列行为，管理人有权请求人民法院予以撤销：（一）无偿转让财产的；（二）以明显不合理的价格进行交易的；（三）对没有财产担保的债务提供财产担保的；（四）对未到期的债务提前清偿的；（五）放弃债权的。"

② 《企业破产法》第三十二条："人民法院受理破产申请前六个月内，债务人有本法第二条第一款规定的情形，仍对个别债权人进行清偿的，管理人有权请求人民法院予以撤销。但是，个别清偿使债务人财产受益的除外。"

③ 《企业破产法》第三十三条："涉及债务人财产的下列行为无效：（一）为逃避债务而隐匿、转移财产的；（二）虚构债务或者承认不真实的债务的。"

④ 《企业破产法》第三十六条："债务人的董事、监事和高级管理人员利用职权从企业获取的非正常收入和侵占的企业财产，管理人应当追回。"

第 132 问：破产程序中对债务人的将来求偿权如何实现？

破产程序中对债务人的求偿权是指在保证人或连带债务人已经替债务人清偿完毕的债务，其对债务人有追偿权，可以以此向管理人申报债权。《企业破产法》第五十一条规定："债务人的保证人或者其他连带债务人已经代替债务人清偿债务的，以其对债务人的求偿权申报债权。债务人的保证人或者其他连带债务人尚未代替债务人清偿债务的，以其对债务人的将来求偿权申报债权。但是，债权人已经向管理人申报全部债权的除外。"

在破产程序中债权人已向管理人申报此债权的，其应当提交代偿的证据材料，如要求承担责任的判决书、调解书及代偿完毕的证明或执行材料，以保证求偿权案件事实的真实性。

《企业破产法》第一百二十四条规定："破产人的保证人和其他连带债务人，在破产程序终结后，对债权人依照破产清算程序未受清偿的债权，依法继续承担清偿责任。"

《全国法院破产审判工作会议纪要》第三十一条规定："保证人的清偿责任和求偿权的限制。破产程序终结前，已向债权人承担了保证责任的保证人，可以要求债务人向其转付已申报债权的债权人在破产程序中应得清偿部分。破产程序终结后，债权人就破产程序中未受清偿部分要求保证人承担保证责任的，应在破产程序终结后六个月内提出。保证人承担保证责任后，不得再向和解或重整后的债务人行使求偿权。"

第 133 问：房地产企业破产案件中，对造成房地产企业破产的债务人及其相关人员是否应承担法律责任？

对于不履行法定义务的有关人员和直接责任人，《企业破产法》第一百二十六条规定："有义务列席债权人会议的债务人的有关人员，经人民法院传唤，无正当理由拒不列席债权人会议的，人民法院可以拘传，并依法处以罚款。债务人的有关人员违反本法规定，拒不陈述、回答，或者作虚假陈述、回答的，人民法院可以依法处以罚款。"第一百二十七条规定："债务人违反本法规定，拒不向人民法院提交或者提交不真实的财产状况说明、债务清册、债权清册、有关财务会计报告以及职工工资的支付情况和社会保险费用的缴纳情况的，人民法院可以对直接责任人员依法处以罚款。债务人违反本法规定，拒不向管理人移交财产、印章和账簿、文书等资料的，或者伪造、销毁有关财产证据材料而使财产状况不明的，人民法院可以对直接责任人员依法处以罚款。"

对于损害债权人利益的法定代表人、直接责任人，《企业破产法》第一百二十八条规定："债务人有本法第三十一条、第三十二条、第三十三条规定的行为，损害债权人利益的，债务人的法定代表人和其他直接责任人员依法承担赔偿责任。"

破产企业的"董监高"对企业破产负有责任的，《企业破产法》第一百二十五条规定："企业董事、监事或者高级管理人员违反忠实义务、勤勉义务，致使所在企业破产的，依法承担民事责任。有前款规定情形的人员，自破产程序终结之日起三年内不得担任任何企业的董事、监事、高级管理人员。"

此外，《最高人民法院关于债权人对人员下落不明或者财产状况不清的债务人申请破产清算案件如何处理的批复》中提到："债务人的有关人员不履行法定义务，人民法院可依据有关法律规定追究其相应法律责任；其行为导致无法清算或者造成损失，有关权利人起诉请求其承担相应民事责任的，人民法院应依法予以支持。"《全国法院民商事审判工作会议纪要》第一百一十八条对此予以了细化规定，债务人的有关人员不履行法定义务，人民法院可依据有关法律规定追究其相应法律责任，系指债务人的法定代表人、财务管理人员和其他经营管理人员不履行《企业破产法》第十五条规定的配合清算义务，人民法院可以根据《企业破产法》第一百二十六条、第一百二十七条追究其相应法律责任，或者参照《民事诉讼法》第一百一十一条的规定，依法拘留，构成犯罪的，依法追究刑事责任；债务人的法定代表人或者实际控制人不配合清算的，人民法院可以依据《出境入境管理法》第十二条的规定，对其作出不准出境的决定，以确保破产程序顺利进行。

“其行为导致无法清算或者造成损失”，系指债务人的有关人员不配合清算的行为导致债务人财产状况不明，或者依法负有清算责任的人未依照《企业破产法》第七条第三款的规定及时履行破产申请义务，导致债务人主要财产、账册、重要文件等灭失，致使管理人无法执行清算职务，给债权人利益造成损害。

“有关权利人起诉请求其承担相应民事责任”，系指管理人请求上述主体承担相应损害赔偿责任并将因此获得的赔偿归入债务人财产。管理人未主张上述赔偿，个别债权人可以代表全体债权人提起上述诉讼。

第 134 问：什么是预重整？

王欣新教授认为，典型的预重整程序是在具体规则的指引下，面临破产危机的债务人与债权人之间基于意思自治的要求，在债务人充分信息披露和公正程序的基础上，通过双方乃至多方充分协商谈判，制订预重整计划，并就该计划达成满足重整程序要求的表决结果，在申请破产重整时一并提交经过表决的预重整计划，法院直接审核该计划的效力，而无需重新制订重整计划和进行投票表决的程序。[①]

在全国企业破产重整案件信息网首页高级检索功能中进行全文搜索“预重整”字眼，共计检索得到 2601 条记录，根据发布主体进行分类后发现，法院发布信息 1315 条，管理人发布信息 1275 条，信息网发布信息 11 条；其中发布最早的一条公告信息为 2017 年 7 月 12 日，发布数量随着年份的增长逐渐增多，在 2021 年 1 月 1 日以后数量开始“暴增”，相较于 2020 年 1 月 1 日至 12 月 31 日的数量迅速提升了 511%。[②] 上述数据也侧面印证了预重整程序在我国开展的三点现状：一、预重整在我国已经开始如火如荼地开展；二、受新冠肺炎疫情的影响，越来越多的困境企业选择通过预重整制度解决危机；三、预重整程序的开展与我国支持政策文件的出台有着极大的关系。

在国务院及最高人民法院等的支持下，全国各地方政府及人民法院已经开始探索并完善预重整实践制度，其中具有影响力和代表性的相关文件主要见第 230 页表 1。

① 王欣新：《以破产法的改革完善应对新冠疫情、提升营商环境》，载《法律适用》2020 年第 15 期，第 61—71 页。

② 以上数据来源于全国企业破产重整案件信息网，https://pccz.court.gov.cn，详细数据截至 2022 年 7 月 10 日。

表 1　预重整案件规范性文件

序号	发文机关	文件名	文号	实施时间
1	国务院	《国务院关于开展营商环境创新试点工作的意见》	国发〔2021〕24 号	2021.10.31
2	最高人民法院	《关于为改善营商环境提供司法保障的若干意见》	法发〔2017〕23 号	2017.08.07
3		《全国法院破产审判工作会议纪要》	法〔2018〕53 号	2018.03.04
4		《加快完善市场主体退出制度改革方案》（由国家发改委牵头十三部委联合发布）	发改财金〔2019〕1104 号	2019.06.22
5		《全国法院民商事审判工作会议纪要》	法〔2019〕254 号	2019.11.08
6		《关于依法妥善审理涉新冠肺炎疫情民事案件若干问题的指导意见（二）》	法发〔2020〕17 号	2020.05.15
7		《关于为新时代加快完善社会主义市场经济体制提供司法服务和保障的意见》	法发〔2020〕25 号	2020.07.20
8	深圳市中级人民法院	《审判企业重整案件的工作指引》	深中法发〔2019〕3 号	2019.03.14
9	北京破产法庭	《破产重整案件办理规范（试行）》	京一中法发〔2019〕437 号	2019.12.30
10	南京市中级人民法院	《关于规范重整程序适用提升企业挽救效能的审判指引》	宁中法审委〔2020〕1 号	2020.01.20
11	厦门市中级人民法院	《企业破产案件预重整工作指引》	厦中法发〔2020〕28 号	2020.05.21
12	广州市中级人民法院	《关于破产重整案件审理指引（试行）》	穗中法〔2020〕89 号	2020.05.28

续表

序号	发文机关	文件名	文号	实施时间
13	淄博市中级人民法院	《关于预重整案件的工作指引（试行）》	淄中法〔2019〕61号	2020.06.30
14	宿迁市中级人民法院	《关于审理预重整案件的规定（试行）》	宿中法电〔2020〕172号	2020.07.09
15	北海市中级人民法院	《破产重整案件审理操作指引（试行）》	北中法〔2020〕119号	2020.07.31
16	眉山市中级人民法院	《破产案件预重整操作指引（试行）》	眉中法〔2020〕123号	2020.09.18

第 135 问：预重整的申请主体和启动条件是什么？

《企业破产法》对预重整制度未作出规定，一般认为预重整的本质是债务人企业与债权人等利害关系人庭外自主协商程序，其属于正式重整的一个前置和准备程序，应当在《企业破产法》及相关司法解释的框架下结合自身特点进行开展。

一、预重整的申请主体

预重整的核心应当在其“预”字上，是受《企业破产法》调整的一种庭外重组程序，因此要进入预重整程序必须由符合条件的申请人向法院提出申请。根据《企业破产法》的规定，提出重整申请的主体包括债务人、债权人、债务人的出资人或金融监管机构等，假设适用“举重以明轻”规则，该类主体可以作为预重整的申请主体。同时，由于预重整是一种当事人意思自治范围更大的制度，实践中预重整的申请主体可以适当进行扩大，例如债务人对外担保的共同保证人、临时管理人、庭外重组的实际投资人等。

二、预重整启动条件

预重整的本质在于其“重整”二字，要进入预重整程序首先必须具备《企业破产法》第二条规定的重整原因，目前实践中，预重整的启动主体主要为人民法院，预重整开始需经过法院审查同意、由合议庭决定适用预重整程序。因此当债权人、债务人或其他利害关系人向法院提出预重整申请时应当一并提交企业审计报告、预重整可行性分析报告、预重整方案等材料。主管法院审查时应当注重审查企业是否具备重整原因、是否具备重整价值、是否具备预重整可行性、是否具备预重整方案可行性等内部因素，同时应当注重对申请主体、企业的规模、企业的经营方向、债权人的人数、涉及的信访隐患以及是否需要召开听证会等外部因素进行充分考量后裁决。

第 136 问：实践中，预重整的模式有哪些？

根据主导者的不同，实践中可以将预重整划分为以下三种模式。

一、以法院为主导的预重整模式

目前实践中，法院主导型的预重整模式较为普遍，其中以深圳市预重整案件操作模式为代表，该模式中法院兼具主导者、监督者、协调者的角色，并参照正式重整程序开展工作。由债权人、债务人或其他利害关系人向法院提出预重整申请，法院决定启动预重整并指定预重整管理人，预重整期间管理人按照地方法院发布的预重整案件指引以及《企业破产法》等相关法律司法解释的规定开展工作。

二、以政府为主导的预重整模式

早在 2012 年温州市政府及相关部门即开始探索政府对破产外部环境进行良性的“行政干预”的实施路径，并于 2014 年至 2020 年陆续发布了六份相关的会议纪要，其中关于预重整问题的处理方式集中体现在第四份《温州市人民政府办公室关于印发企业金融风险处置工作府院联席会议纪要的通知》（温政办函〔2018〕41 号）之中，该份会议纪要明确了温州市在预重整问题方面独树一帜的处理模式，即在坚持市场化和当事人自治的原则下，由政府主导预重整，包括程序的启动、管理人的选任、召开债权人会议、引进战略投资人等工作。

三、以当事人为主导的预重整模式

以当事人为主导的预重整模式主要是指充分发挥当事人自治的精神，由债权人与债务人、出资人等利害关系人之间进行庭外商业谈判，拟订预重整方案的重整模式。正式重整程序启动后，可以依据预重整方案拟订重整计划草案提交人民法院审查批准。该模式虽然以当事人为主导，但是并非舍弃其他参与人，鉴于陷入困境的债务人往往受制于现实各种条件及资源的匮乏，仍需要政府公权力的支持和法院专业的司法指导。

第 137 问：房地产企业预重整案中，预重整管理人的定位与职责是什么？

目前关于预重整管理人的规定大多数来源于最高人民法院、地方法院或政府发布的相关文件之中。实践中，房地产企业破产案件往往属于典型的“涉众”“涉稳”案件，因此在房地产企业预重整案件中，管理人的工作不能局限于法律工作。专业的管理人团队应当是一个兼具法律、财务、行业管理、行业经营以及问题化解等综合能力，同时能够勤勉尽责、忠实履行职务，充分运用预重整程序，从经济、社会、民生等多角度问题出发，充分协调各方、高效完成预重整工作的临时组织。

根据《企业破产法》第二十五条、第二十七条的规定以及参照《成都市中级人民法院破产案件预重整操作指引（试行）》《深圳市中级人民法院审理企业重整案件的工作指引（试行）》的规定，预重整管理人的职责主要包括以下内容。

一、清产核资工作

（一）调查债务人财产状况，制作财产状况相关报告；

（二）发布债权登记公告，接收、审查、确认债权人所申报的债权，核实债务人负债情况；

（三）根据工作需要公开遴选审计、评估、造价等中介机构协助预重整管理人工作，并向法院报告。

二、维护企业运营、保障资产稳定工作

（一）监督债务人的内部管理事务；

（二）监督债务人的日常开支和其他必要开支；

（三）在债务人财产价值可能发生减损时，向法院申请对债务人的全部或部分财产采取保全措施；

（四）监督债务人的财产保管和企业运营，监督债务人是否有违反预重整承诺、逃废债务、个别清偿等减损财产价值损害债权人利益的行为，并及时向法院及主管政府部门报告；

（五）接受债务人委托，代理债务人参加诉讼、仲裁或者其他法律程序；

（六）协调中止执行事宜。

三、与正式重整衔接工作

（一）向已知债权人和社会公众征集对债务人的重整及和解意向信息，开展意向投资人招募工作；

（二）推动债权人、债务人、意向投资人及其他利害关系人进行协商、谈判，引导各方就预重整方案达成共识；

（三）提议召开预重整债权人会议，讨论、表决预重整方案等重大事项；

（四）审查债务人是否具有重整价值以及重整可行性，并向法院或主管政府部门提交预重整工作报告，根据案件情况可向法院或主管政府部门提请延长预重整期间或终止预重整的申请。

四、维稳工作

（一）及时掌握与债务人申请重整相关的重大信息，定期及时向法院或政府主管部门书面报告工作进展，配合债务人客观全面地就有关舆情做好释明、澄清工作；

（二）协助主管政府部门进行信访维稳工作。

五、法院或政府主管部门认为预重整管理人应当履行的其他职责

第 138 问：预重整期间，债务人涉诉问题如何处理？

实践中，关于预重整期间债务人的涉诉问题主要体现在以下两方面。

一、预重整能否产生诉讼或仲裁程序中止的效力

目前，司法实践中认为预重整不能产生诉讼或仲裁程序中止的效力。在（2021）最高法民申 1488 号一案中，最高人民法院认为："预重整属于启动正式破产程序前的庭外债务重组机制，并不能产生人民法院裁定受理破产申请的效力，二审法院据此对中资国本成都公司等申请人要求中止审理的申请不予准许，并无不当。"

在（2021）冀 04 民终 6139 号一案中，邯郸市中级人民法院认为："虽然某顺房地产开发有限公司预重整工作已经启动，但人民法院尚未受理其破产申请，一审以某顺房地产开发有限公司已经启动预重整，郭某应依法向某顺房地产开发有限公司的管理人申报债权为由暂驳回其起诉，系适用法律不当，本案仍应由丛台区人民法院继续审理。"

二、预重整能否产生中止执行程序的效力

目前，虽然预重整期间中止执行程序的做法并没有上位法的依据和支持，但是由于中止执行作为预重整顺利开展的重要因素之一，实践中各地相继出台了预重整案件的操作指引，对中止执行进行规定，其中根据做法的不同主要分为以下两种方式。

（一）应当中止

在《北京破产法庭破产重整案件办理规范（试行）》第三十六条、《广州市中级人民法院关于破产重整案件审理指引（试行）》第二十四条、《深圳市中级人民法院审理企业重整案件的工作指引（试行）》第三十三条、《淄博市中级人民法院关于审理预重整案件的工作指引（试行）》第十三条、《菏泽市

中级人民法院关于审理预重整案件的实施意见》第五条、《北海市法院破产重整案件审理操作指引（试行）》第三十一条、《遂宁市中级人民法院破产案件预重整审理指引》第十五条、《成都市中级人民法院破产案件预重整操作指引（试行）》第五条等条文中，上述地方法院明确规定在预重整期间由法院合议庭或临时管理人负责及时通知相关执行部门中止对债务人的执行程序。

（二）协商中止

在《苏州市吴中区人民法院关于审理预重整案件的实施意见（试行）》第十条、《四川天府新区成都片区人民法院、四川自由贸易试验区人民法院预重整案件审理指引（试行）》第八条、《陕西省高级人民法院破产案件审理规程（试行）》第一百六十九条、《攀枝花市中级人民法院破产案件预重整操作指引（试行）》第五条、《重庆市第五中级人民法院预重整工作指引（试行）》第九条等条文中，部分地方法院规定在预重整期间可以由主管法院与执行法院（部门）、临时管理人与执行法院（部门）、债务人与债权人三组不同主体之间相互商榷中止对债务人财产的执行。

第 139 问：预重整与正式重整程序如何进行衔接？

预重整的成果能否合理、便利地运用于正式重整程序，决定了预重整制度的最终效果，关于预重整与正式重整的衔接问题主要有以下三点。

一、债权人申报的衔接

实践中，预重整期间管理人一般参照《企业破产法》的相关规定开展债权申报工作，但由于《企业破产法》并未就预重整期间的债权申报及审查结果的法律效力作出明确规定，因此在转入正式重整之后，人民法院需要重新确定不少于三十日且不超过三个月的债权申报期限。正式重整的管理人也应当就预重整期间已申报债权的债权人无需重新申报债权及预重整期间对债权人无异议债权的审查结论，在正式重整程序中具有同等法律效力的事项进行说明。需要注意的是，根据《企业破产法》第四十六条第二款的规定，附利息的债权自破产申请受理时起停止计息。实践中，在人民法院确定的债权申报期限内，债权人申请对预重整期间已申报债权修改和补充时，管理人应当予以配合。

二、投资人的衔接

重整投资人是困境企业重整成功与否的关键所在，因此为保障预重整投资人能够顺利参与正式重整程序，预重整期间应当把握三个核心要素：第一，充分披露债务人信息，保障信息披露的真实性及透明性，必要时可以要求投资人签署保密承诺书；第二，以正式重整为出发点，明确重整投资人的选定标准；第三，预重整期间，明确投资人主体资格、重整投资的优先性质以及退出的惩罚机制，防范重整投资人违约风险。

三、重整方案的衔接

《全国法院民商事审判工作会议纪要》第一百一十五条强调了庭外重组协议效力在重整程序中的延伸，明确表示“人民法院受理重整申请前，债务人和部分债权人已经达成的有关协议与重整程序中制作的重整计划草案内容一致的，有关债权人对该协议的同意视为对该重整计划草案表决的同意”。除此之外，在各地方法院的操作指引中也对预重整方案在正式重整之中的效力延伸进行了细化，以《北京破产法庭破产重整案件办理规范（试行）》为例，其中第四十七条规定，对于因重整计划草案内容进行修改而受到影响的权利人、预重整方案表决前隐瞒债务人真实信息或表决后发生重大变化的情形，相关权利人有权重新表决重整计划草案。

第 140 问：“执转破”的概念是什么？

“执转破”制度，全称为执行案件移送破产审查制度，是指人民法院在执行过程中，发现被执行人符合《企业破产法》第二条第一款规定情形的，经申请执行人之一或者被执行人同意，裁定中止对该被执行人的执行，将执行案件相关材料移送被执行人住所地人民法院，通过启动破产程序来解决执行难问题的法律制度。

2015 年 2 月 4 日，《最高人民法院关于适用〈中华人民共和国民事诉讼法〉的解释》（法释〔2015〕5 号）中首次开创性提出“执转破”这一概念。不过因篇幅及主旨问题，在《最高人民法院关于适用〈中华人民共和国民事诉讼法〉的解释》（法释〔2015〕5 号）中并未对“执转破”问题进行细化梳理，缺乏完整的程序推进举措。为充分健全市场主体救治和退出机制，完善司法工作机制，2017 年 1 月 20 日最高人民法院针对“执转破”制度实务中的部分问题，发布了《最高人民法院关于执行案件移送破产审查若干问题的指导意见》，统一“执转破”制度的司法尺度，保障了执行程序与破产程序的有序衔接，为解决市场上大量“僵尸企业”的执行问题提供了新的思路，兼顾效率与公平，防止同一法院内各部门之间推卸责任，影响司法效率，损害当事人合法权益，最大可能保障债权人的合法权益。

第141问：如何启动“执转破”程序？

《最高人民法院关于执行案件移送破产审查若干问题的指导意见》对启动“执转破”程序作了详细的规定。

一、执行法院的征询、决定程序

（一）征询程序。《最高人民法院关于执行案件移送破产审查若干问题的指导意见》第四条规定：“执行法院在执行程序中应加强对执行案件移送破产审查有关事宜的告知和征询工作。执行法院采取财产调查措施后，发现作为被执行人的企业法人符合破产法第二条规定的，应当及时询问申请执行人、被执行人是否同意将案件移送破产审查。申请执行人、被执行人均不同意移送且无人申请破产的，执行法院应当按照《最高人民法院关于适用〈中华人民共和国民事诉讼法〉的解释》第五百一十六条的规定处理，企业法人的其他已经取得执行依据的债权人申请参与分配的，人民法院不予支持。”通过征询工作，主动向申请执行人阐明“执转破”的利弊，帮助其理性思考是否启动“执转破”程序，有利于维护债权人依法受偿的权利。

（二）法院内部决定程序。《最高人民法院关于执行案件移送破产审查若干问题的指导意见》第五条规定：“执行部门应严格遵守执行案件移送破产审查的内部决定程序。承办人认为执行案件符合移送破产审查条件的，应提出审查意见，经合议庭评议同意后，由执行法院院长签署移送决定。”第六条规定：“为减少异地法院之间移送的随意性，基层人民法院拟将执行案件移送异地中级人民法院进行破产审查的，在作出移送决定前，应先报请其所在地中级人民法院执行部门审核同意。”这一流程的确定体现了防止“执转破”程序滥用、对异地移送加强监督的精神。

（三）通知期限。《最高人民法院关于执行案件移送破产审查若干问题的指导意见》第七条、第八条规定，执行法院作出移送决定后应当在5日内将通知送达申请执行人和被执行人。同时执行法院作出移送决定后应当书面通知所有已知的执行法院，其他执行法院应当中止执行。

二、移送程序

《最高人民法院关于执行案件移送破产审查若干问题的指导意见》第十条规定："执行法院作出移送决定后，应当向受移送法院移送下列材料：（1）执行案件移送破产审查决定书；（2）申请执行人或被执行人同意移送的书面材料；（3）执行法院采取财产调查措施查明的被执行人的财产状况，已查封、扣押、冻结财产清单及相关材料；（4）执行法院已分配财产清单及相关材料；（5）被执行人债务清单；（6）其他应当移送的材料。"

三、审查与受理

《最高人民法院关于执行案件移送破产审查若干问题的指导意见》第十三条规定："受移送法院的破产审判部门应当自收到移送的材料之日起三十日内作出是否受理的裁定。受移送法院作出裁定后，应当在五日内送达申请执行人、被执行人，并送交执行法院。"

《最高人民法院关于执行案件移送破产审查若干问题的指导意见》第十六条规定："执行法院收到受移送法院受理裁定后，应当于七日内将已经扣划到账的银行存款、实际扣押的动产、有价证券等被执行人财产移交给受理破产案件的法院或管理人。"

《最高人民法院关于执行案件移送破产审查若干问题的指导意见》第十八条规定："受移送法院做出不予受理或驳回申请裁定的，应当在裁定生效后七日内将接收的材料、被执行人的财产退回执行法院，执行法院应当恢复对被执行人的执行。"

四、进入破产程序

在人民法院裁定受理破产申请后，依据《企业破产法》的相关规定，由管辖法院指定管理人，发布公告并通知已知债权人进行债权申报，正式进入破产程序。

第 142 问："执转破"程序的功能定位是什么？

"执转破"是人民法院为应对执行案件中存在大量已停产或半停产、无盈余无资产的"僵尸企业"造成执行案件积压严重，进而出现"执行慢""执行难"等难点问题的一种司法工作制度创新。

《最高人民法院关于执行案件移送破产审查若干问题的指导意见》中明确提出："推进执行案件移送破产审查工作，有利于健全市场主体救治和退出机制，有利于完善司法工作机制，有利于化解执行积案，是人民法院贯彻中央供给侧结构性改革部署的重要举措，是当前和今后一段时期人民法院服务经济社会发展大局的重要任务。"

从执行工作在司法实践中遇到的难点来看，人民法院想要化解"执行慢""执行难"问题，绝不能固守执行程序。执行程序中，人民法院已将债务人的债权债务情况进行了全面掌握，转入破产程序后，通过破产管理人的介入可以更好地处置企业剩余资产，保障债权公平受偿。由此可见，"执转破"是当前系统推进破解"执行难"的重要途径之一，也为规范市场退出机制提供了新思路。

第 143 问：执行程序与破产程序如何互相衔接？

在我国现阶段司法实践中，存在大量因被执行人严重资不抵债，导致无法执行进而出现“执行难”的案件，而这部分案件中很大一部分都符合《企业破产法》第二条规定的破产立案条件。但由于存在执行程序与破产程序衔接不畅的问题，客观影响“执转破”程序启动，加剧“执行难”问题。为解决这一困境,《最高人民法院关于适用〈中华人民共和国民事诉讼法〉的解释》中单独列出执行程序与破产程序如何衔接的引导性规范。

在申请执行人或被执行人同意启动“执转破”程序后，执行法院应当裁定中止对该被执行人的执行，将执行案件的相关材料移送被执行人住所地人民法院。被执行人住所地人民法院应当自收到执行案件相关材料之日起三十日内，将是否受理破产案件的裁定告知执行法院。不予受理的，应当将相关案件材料退回执行法院。被执行人住所地人民法院裁定受理破产案件的，执行法院应当解除对被执行人财产的保全措施。被执行人住所地人民法院裁定宣告被执行人破产的，执行法院应当裁定终结对该被执行人的执行。被执行人住所地人民法院不受理破产案件的，执行法院应当恢复执行。

如当事人不同意移送破产或者被执行人住所地人民法院不受理破产案件的，执行法院就执行变价所得财产，在扣除执行费用及清偿优先受偿的债权后，对于普通债权，按照财产保全和执行中查封、扣押、冻结财产的先后顺序清偿。

第144问："执转破"案件的管辖如何确定?

"执转破"案件管辖法院的明确，可以最大限度防止因管辖不明造成的推诿问题，提升司法效率。目前主要分为地域管辖和级别管辖两个方面。

一、地域管辖

《最高人民法院关于执行案件移送破产审查若干问题的指导意见》第三条规定，"执转破"案件由被执行人住所地法院管辖。《最高人民法院关于审理企业破产案件若干问题的规定》第一条规定："企业破产案件由债务人住所地人民法院管辖。债务人住所地指债务人的主要办事机构所在地。债务人无办事机构的，由其注册地人民法院管辖。"

二、级别管辖

现阶段，我国基层法院存在案件量大、缺乏专门的破产审判庭、缺乏专业从事破产案件的审判法官等三大问题，因此基层法院基本不具备处理大批量"执转破"案件的能力。基于此，《最高人民法院关于执行案件移送破产审查若干问题的指导意见》第三条规定："执行案件移送破产审查，由被执行人住所地人民法院管辖。在级别管辖上，为适应破产审判专业化建设的要求，合理分配审判任务，实行以中级人民法院管辖为原则、基层人民法院管辖为例外的管辖制度。中级人民法院经高级人民法院批准，也可以将案件交由具备审理条件的基层人民法院审理。"

第 145 问：“执转破”案件，应当符合哪些要件？

根据《最高人民法院关于执行案件移送破产审查若干问题的指导意见》第二条规定[①]，启动“执转破”程序的要件主要有以下三个。

一、适用对象

“执转破”程序的适用对象为企业法人，不包括企业法人以外的其他组织。值得注意的是，除企业法人以外的其他组织虽不能通过执行程序直接转入破产程序，但符合《企业破产法》规定情形的，仍可基于相关当事人的破产申请权向人民法院申请破产。

二、意思表示

“执转破”程序要求有当事人通过执行程序直接转入破产程序意愿的意思表示。如当事人在进入执行阶段后主动向人民法院提出“执转破”申请，书面同意将执行案件移送破产审查，那么表明其明确具有通过“执转破”启动破产程序的意思表示。

三、符合企业破产法规定情形

由于“执转破”程序也是破产程序启动的方式之一，因此人民法院在执行阶段也要以《企业破产法》第二条规定的情形来判断是否可以启动“执转破”程序。

① 《最高人民法院关于执行案件移送破产审查若干问题的指导意见》第二条：“执行案件移送破产审查，应同时符合下列条件：（1）被执行人为企业法人；（2）被执行人或者有关被执行人的任何一个执行案件的申请执行人书面同意将执行案件移送破产审查；（3）被执行人不能清偿到期债务，并且资产不足以清偿全部债务或者明显缺乏清偿能力。”

第 146 问："执转破"案件决定移送对于执行程序的影响有哪些？

关于"执转破"案件决定移送对于执行程序的影响，《最高人民法院关于执行案件移送破产审查若干问题的指导意见》第八条、第九条规定中阐述了详细规定。

第八条规定："执行法院作出移送决定后，应当书面通知所有已知执行法院，执行法院均应中止对被执行人的执行程序。但是，对被执行人的季节性商品、鲜活、易腐烂变质以及其他不宜长期保存的物品，执行法院应当及时变价处置，处置的价款不作分配。受移送法院裁定受理破产案件的，执行法院应当在收到裁定书之日起七日内，将该价款移交受理破产案件的法院。案件符合终结本次执行程序条件的，执行法院可以同时裁定终结本次执行程序。"可见，在执行法院作出移送决定，启动"执转破"程序书面通知所有已知执行法院后，所有执行法院均应中止对被执行人的执行程序。特别注意的是，作出移送决定的执行法院自身也不例外，也应中止执行程序。

第九条规定："确保对被执行人财产的查封、扣押、冻结措施的连续性，执行法院决定移送后、受移送法院裁定受理破产案件之前，对被执行人的查封、扣押、冻结措施不解除。查封、扣押、冻结期限在破产审查期间届满的，申请执行人可以向执行法院申请延长期限，由执行法院负责办理。"

第147问：对“执转破”案件如何进行监督与制约？

执行案件移送破产审查工作，涉及执行程序与破产程序之间的转换衔接，不同法院之间，或同一法院内部部门之间，很容易因工作压力大等情况，出现互相推诿、监督缺失的情况。《最高人民法院关于执行案件移送破产审查若干问题的指导意见》第二十一条就“执转破”案件的监督与制约机制给出了明确的规定。

一、执行法院对受移送法院的监督

受移送法院拒绝接收移送的材料，或者收到移送的材料后不按规定的期限作出是否受理裁定的，执行法院可函请受移送法院的上一级法院进行监督。上一级法院收到函件后应当指令受移送法院在十日内接收材料或作出是否受理的裁定。这赋予了执行法院向受移送法院的上一级法院函请监督的权力，增强了在“执转破”案件中执行法院对受移送法院的监督。

二、上级法院对受移送法院的监督

受移送法院收到上级法院的通知后，十日内仍不接收材料或不作出是否受理裁定的，上一级法院可以径行对移送破产审查的案件行使管辖权。上一级法院裁定受理破产案件的，可以指令受移送法院审理。这是“执转破”案件中上级法院对受移送法院监督与制约的体现。

第 148 问：破产案件受理后，执行法院未收到受理裁定时，直接向申请执行人交付执行款项的能否执行回转？

根据《企业破产法》第十九条和《最高人民法院关于适用〈中华人民共和国企业破产法〉若干问题的规定（二）》第五条的规定，人民法院裁定受理破产申请后，有关债务人财产的保全措施应当解除，执行程序应当中止。未中止的，采取执行措施的相关单位应当依法予以纠正。依法执行回转的财产，人民法院应当认定为债务人的财产。在破产程序中，维护破产财产的安全性和完整性，是保障债权人公平受偿的重要前提。由上可知，中止执行程序、依法执行回转等规定对于维护破产财产完整性具有重要意义。但是实践中就执行法院执行完毕后是否可以执行回转具有以下几个争议。

首先，根据《最高人民法院关于执行案件移送破产审查若干问题的指导意见》第十七条规定[①]结合《最高人民法院关于对重庆高院〈关于破产申请受理前已经划扣到执行法院账户尚未支付给申请执行人的款项是否属于债务人财产及执行法院收到破产管理人中止执行告知函后应否中止执行问题的请示〉的答复函》(〔2017〕最高法民他 72 号)[②]，认定执行财产权属的标准为“破产申请受理后，执行法院是否收到破产申请受理裁定”以及“执行财产是否完成转移交付”。但实践中存在一定的受理破产申请后未同时指定管理人的情形，即便同时指定了管理人，从管理人接管企业到调查、了解清楚破产企业涉诉、

① 《最高人民法院关于执行案件移送破产审查若干问题的指导意见》第十七条规定：“执行法院收到受移送法院受理裁定时，已通过拍卖程序处置且成交裁定已送达买受人的拍卖财产，通过以物抵债偿还债务且抵债裁定已送达债权人的抵债财产，已完成转账、汇款、现金交付的执行款，因财产所有权已经发生变动，不属于被执行人的财产，不再移交。”

② 《最高人民法院关于对重庆高院〈关于破产申请受理前已经划扣到执行法院账户尚未支付给申请执行人的款项是否属于债务人财产及执行法院收到破产管理人中止执行告知函后应否中止执行问题的请示〉的答复函》答复：“人民法院裁定受理破产申请时已经扣划到执行法院账户但尚未支付给申请人执行的款项，仍属于债务人财产，人民法院裁定受理破产申请后，执行法院应当中止对该财产的执行。执行法院收到破产管理人发送的中止执行告知函后仍继续执行的，应当根据《最高人民法院关于适用〈中华人民共和国破产法〉若干问题的规定（二）》第五条依法予以纠正……”

涉执行案件后发送中止执行告知函件，全程需要大量的时间方可完成。在此期间，若严格依照《最高人民法院关于执行案件移送破产审查若干问题的指导意见》第十七条规定处理，相当于变相给予了相关债权人或执行法院在此期间继续执行债务人财产的机会，将严重损害其他债权人公平受偿的权利。

管理人在履职过程中发现上述情形后，通常会提出执行异议之诉，而实践中各地法院对此有着不同的观点和处理方式。

（一）最高人民法院有观点认为：《最高人民法院关于执行案件移送破产审查若干问题的指导意见》属于规范性文件而非法律或司法解释，法院及执行部门应当依据《企业破产法》及相关司法解释的规定中止执行程序，依法适用执行回转。①

（二）北京市高级人民法院有观点认为：法院在发还执行案款前，申请执行人、被执行人或其管理人均未告知其他法院已受理对被执行人的破产申请，亦未收到破产案件受理法院的相关裁定或通知。因此，法院在不知悉其他法院已受理对被执行人破产申请的情况下，将执行到位的案款发还申请执行人并无不当。②

（三）广东省高级人民法院认为：法院在案件审理过程中，将审查重点放在核查拍卖成交裁定或以物抵债裁定的作出及送达当事人时间与破产申请受理时间的先后问题上，而非是否收到受移送法院破产申请受理的时间，其中破产申请受理时间在先的，裁判观点认为应当中止执行程序，撤销相关执行裁定③；破产申请受理时间在后的，裁判观点认为执行法院在此之前已经处理完毕，标的物的权属已经发生转移，不再属于破产财产。④

其次，实践中还需注意到，根据《最高人民法院关于执行案件移送破产审查若干问题的指导意见》第十七条规定，破产申请受理后，执行法院在未收到破产申请受理裁定的情形下，在执行过程中可以将执行款项从被执行人账户直接划至申请执行人账户，自扣划完成之时起财产所有权已经转移，管理人再提起执行异议也难以追回财产。

最后，因为破产程序的立法宗旨之一即为公平清理债权债务，我国在法

① 最高人民法院（2019）最高法执复 106 号。

② 北京市高级人民法院（2021）京执复 70 号。

③ 广东省高级人民法院（2019）粤执复 587 号。

④ 广东省高级人民法院（2020）粤执复 750 号。

律规定和理论上也一直奉行“破产受理开始主义”，即破产程序在破产申请受理之日即开始。而《最高人民法院关于执行案件移送破产审查若干问题的指导意见》主要规范的是“执行案件移送破产审查工作”中的程序性问题，且该指导意见属于规范性文件而非法律或司法解释。故，在法院受理破产申请后，其他执行法院在未收到破产申请受理裁定的情形下，将执行案款或执行标的转移交付的应当依法予以执行回转。

综上所述，根据《全国法院民商事审判工作会议纪要》第一百零九条的规定[①]和精神，总结如下：

（一）实践过程中，破产申请受理法院及管理人要充分运用信息化技术手段，通过信息共享与整合，维护债务人财产的完整性。例如，法院裁定受理破产申请及指定管理人后，应当第一时间在“全国企业破产重整案件信息网”公示裁定文书、决定书；管理人应当充分利用“中国执行信息公开网”等渠道查询债务人被申请执行的情况，破产申请受理法院也可在法院内部系统查询，若发现紧急情况应第一时间沟通相关法院中止执行程序。

（二）若相关人民法院拒不解除保全措施、拒不中止执行的或未及时解除保全措施、移交处置权的，破产申请受理法院可以及时请求该院的上级人民法院依法予以纠正。相关人员违反规定造成严重后果的，破产受理人民法院可以向人民法院纪检监察部门移送其违法审判责任线索。

（三）破产申请受理后，对债务人财产采取保全措施或执行程序的单位要充分理解《企业破产法》的立法宗旨，积极配合破产申请受理法院及管理人的工作，解除财产保全措施，中止执行程序，避免出现利用法律法规的冲突，造成破产程序中债权人无法获得公平受偿情形的发生，以便保障破产程序顺利进行。

---

① 《全国法院民商事审判工作会议纪要》第一百零九条：“受理后债务人财产保全措施的处理。要切实落实破产案件受理后相关保全措施应予解除、相关执行措施应当中止、债务人财产应当及时交付管理人等规定，充分运用信息化技术手段，通过信息共享与整合，维护债务人财产的完整性。相关人民法院拒不解除保全措施或者拒不中止执行的，破产受理人民法院可以请求该法院的上级人民法院依法予以纠正。对债务人财产采取保全措施或者执行措施的人民法院未依法及时解除保全措施、移交处置权，或者中止执行程序并移交有关财产的，上级人民法院应当依法予以纠正。相关人员违反上述规定造成严重后果的，破产受理人民法院可以向人民法院纪检监察部门移送其违法审判责任线索。人民法院审理企业破产案件时，有关债务人财产被其他具有强制执行权力的国家行政机关，包括税务机关、公安机关、海关等采取保全措施或者执行程序的，人民法院应当积极与上述机关进行协调和沟通，取得有关机关的配合，参照上述具体操作规程，解除有关保全措施，中止有关执行程序，以便保障破产程序顺利进行。”

第 149 问：关联企业实质合并破产的理论基础是什么？

关联企业是指通过股权、合同、人事、财务或其他方式，存在直接或间接控制与被控制关系、重大影响关系或特别密切经济联系的多个企业。关联企业实质合并破产是指在破产程序中不再考虑关联企业成员的独立法人地位，将关联企业视为一个单一企业，统一消灭其互负债权债务，合并其资产和负债，对其同类债权人统一清偿的破产程序。

《全国法院破产审判工作会议纪要》中有 8 个条文从审查标准、适用程序、管辖权以及利害关系人权利救济等方面作了一般性规定。关联企业存在人格高度混同及不当行为，不仅会严重影响各关联企业的债权人公平受偿，同时也会严重影响社会主义市场经济的公平竞争，此种情况下，若不对失联企业进行合并重整从根本上违反了《企业破产法》的本质精神。因此，对人格高度混同的关联企业进行合并重整，纠正关联企业之间的不当行为、相互控制等违法违规行为，符合《企业破产法》关于公平清理债权债务，公平保护债权人、债务人合法权益的原则，有利于保障各关联企业债权人公平实现债权。

第 150 问：关联企业实质合并破产启动主体有哪些？

《企业破产法》虽然未直接规定关联企业实质合并破产申请主体，但结合《最高人民法院关于适用〈中华人民共和国企业破产法〉若干问题的规定（二）》《全国法院破产审判工作会议纪要》等规定，关联企业实质合并破产申请主体主要包括以下几种。

一、债权人。《最高人民法院关于适用〈中华人民共和国企业破产法〉若干问题的规定（二）》第二十三条第三款规定："管理人不予追收，个别债权人代表全体债权人提起相关诉讼，主张次债务人或者债务人的出资人等向债务人清偿或者返还债务人财产，或者依法申请合并破产的，人民法院应予受理。"该司法解释不仅首次提出"合并破产"概念，还赋予债权人一定条件下申请合并破产的权利。实践中已有相关案例，例如河南省沁阳市人民法院作出（2019）豫 0882 破 2 号、（2019）豫 0882 破 3 号民事裁定书裁定准许合并破产的某泰公司和某翔公司合并重整案。但对于关联企业中清偿率较高的债权人，由于合并重整会降低受偿率，导致其提出申请动力不足，甚至会阻止合并破产。

二、债务人。参照《企业破产法》第七条关于破产申请主体的规定，债务人也享有实质合并破产的申请权，且各地方破产案件审理规程也赋予了债务人申请权。例如《北京市高级人民法院企业破产案件审理规程》第七条第二款规定："关联企业不当利用关联关系，导致关联企业成员之间法人人格高度混同，损害债权人公平受偿利益的，关联企业成员、关联企业成员的债权人、关联企业成员的清算义务人、已经进入破产程序的关联企业成员的管理人，可以向人民法院提出对关联企业进行合并破产的申请。"实务中，债务人申请关联企业实质合并破产案件也不在少数，例如重庆市永州区（2018）渝 0118 破 2 号、（2018）渝 0118 破 3 号民事裁定书裁定的某旺公司与某实业公司实质合并重整案。但有一点需注意，对于一些利用关联企业转移资产、逃废债的债务人，其不仅没动力提出合并破产申请，还会极力反对。

三、清算义务人。参照《企业破产法》第七条以及根据各地方破产案件审理规程例如《北京市高级人民法院企业破产案件审理规程》第七条规定，清算义务人也有权申请实质合并破产。但是需先启动破产清算程序，因为一旦进入破产程序，清算义务人便不再具有任何权利，企业由管理人接管。因此实践中，清算义务人申请合并破产的并不多。

四、出资人。针对此，各地方出台的审理规程中多有规定。例如《河北省高级人民法院破产案件审理规程（试行）》第十一条第二款规定，关联企业成员、关联企业成员的债权人、关联企业成员的清算责任人、出资额占注册资本十分之一以上的出资人，都可以向管理人提出要求实质合并破产的申请。但是实践中，出资人提出实质合并破产的极少。

五、管理人。关联企业进入破产程序后，由管理人全面接管，在委托第三方审计及资产核查、债权审核过程中，如果发现关联企业间存在人格混同、资产混同，可以向人民法院申请实质合并破产。实践中，管理人作为申请人的案件最多。例如石家庄市裕华区人民法院（2022）冀 0108 破 1 号、（2022）冀 0108 破 2 号、（2022）冀 0108 破 3 号裁定书裁定的河北某房地产开发集团有限公司等 3 家企业实质合并破产重整案，北京市第一中级人民法院（2020）京 01 破申 530 号民事裁定书裁定的某集团合并重整案，河北省保定高新技术产业开发区人民法院（2018）冀 0691 破 3 号民事裁定书裁定的河北某公司等 3 家企业实质合并破产重整案等，都是由管理人提出申请。

六、其他利害关系人。《全国法院破产审判工作会议纪要》没有明确规定实质合并的申请主体，但其第三十四条规定："裁定实质合并时利害关系人的权利救济。相关利害关系人对受理法院作出的实质合并审理裁定不服的，可以自裁定书送达之日起十五日内向受理法院的上一级人民法院申请复议。"由此可知利害关系人可以通过提出异议进行权利救济，当然也可以提出申请。例如《广东省高级人民法院关于审理企业破产案件若干问题的指引》第二条第二款规定，债务人进入破产程序后，债权人、债务人以及利害关系人等可以提出关联企业实质合并破产申请。从实务中来看，这里相关"利害关系人"的范围除了涵盖上述五类主体外，还应包括债务人的保证人等。

第 151 问：关联企业实质合并破产适用条件和审查标准是什么？

《企业破产法》及相关司法解释并未对关联企业实质合并破产标准作出相关规定，参照《全国法院破产审判工作会议纪要》第三十二条规定，关于关联企业实质合并破产的标准如下。

一、各关联企业成员之间存在法人人格高度混同

（一）人员的混同。关联公司的法定代表人、总经理、董事会成员、监事会成员、高级管理人员是否混同，即是否存在“一套人马，两个班子”的情况。人员混同仅是认定企业人格混同的参考条件之一，法律并不否认、禁止个人同时在其他企业担任相关职务，不能因为关联企业人员交叉任职、多个关联企业成员间任职，就否认其法人人格独立，认定关联企业各成员间即为人格混同。

（二）财产、财务混同。各关联公司成员间，财产上是否存在相互担保、共用办公场地、财务费用审批人员及程序混同等情况。

（三）控制关联公司或对关联企业造成重大影响的。具体可以体现为控制公司股权、财务、人员等多个方面。关于关联关系或关联企业无论是《公司法》层面还是财政部、证监会、国家税务总局等相关部门的规范性文件层面，大多是从控制角度进行考量。

二、关联企业成员财产混同难以区分，如需要区分，成本过高

这里的成本不仅指经济成本，还包括时间成本。对于多数关联企业因业务、经营范围交叉，导致财务混同，多数关联企业之间的财产区分都有一定的难度。如果强行进行区分，往往需要投入大量的人力、物力以及时间，在增加工作量的同时，可能会导致破产企业错过重整时机。在这个区分的过程中投入人力、物力等资源的价值及时间成本的价值大小则是衡量该标准的主要依据。

三、不进行实质合并破产，将严重损害债权人公平清偿利益

如企业实际控制人利用关联关系给拥有资产的企业做防火墙，以达到转移资产、逃避债务等目的。对于这些企业如不纳入实质合并破产程序，将使债务人达到其他或逃废债的目的，严重损害债权人利益，影响重整方的进入、重整方案的制定，影响企业重整成功。

第 152 问：关联企业合并破产模式有哪些？

《企业破产法》以及相关文件并未对关联企业合并破产作出明确规定，司法实践中，当前我国关联企业合并破产模式大致有以下三种。

一、关联企业先分别破产，再进行合并的模式。人民法院先裁定具有破产原因的各关联公司先后进入破产程序，后经申请人向法院申请对各关联企业进行合并破产，统一指定管理人。例如无锡市某钢管有限公司与无锡市某焊管有限公司合并破产清算案。[①] 采取此种模式的优势在于各个关联企业具有破产原因，才会被纳入合并破产程序中，防止出现不具备破产原因的关联企业被纳入合并破产程序，损害关联公司债权人利益。

合并破产程序开始前会征求各关联公司的意见，包括债务人、债权人等。此种模式也是司法实践中采用较多、较稳妥的一种方式。笔者律师团队承办的甲房地产开发集团有限公司、乙房地产开发有限公司、丙房地产开发有限公司三家企业实质合并破产重整案，采用的就是此种模式。

二、部分关联企业先个别破产，再进行合并的模式。部分具有破产原因的关联公司先进入破产程序，经申请后法院裁定实行合并破产程序。此种模式需要考量后加入的关联企业是否真正地具备破产原因，实践中实现难度较大，因此，此种模式在实践中很少采用。

三、关联企业先进行合并，再进行合并破产的模式。先对关联企业的资产与负债进行合并，综合考量后，再由法院裁定进行合并破产。此种模式会导致人为地挑选重整价值大的企业进行合并破产，不利于整体问题的解决。因此，适用此种模式要采取审慎的原则。

① 参见江苏省无锡市中级人民法院（2010）锡破字第 3 号，（2010）锡破字第 4 号，（2010）锡破字第 3-1 号，（2010）锡破字第 4-1 号。

第 153 问：关联企业实质合并破产案件的管辖如何确定？

《企业破产法》第三条规定："破产案件由债务人住所地人民法院管辖。"针对关联企业实质合并破产的地域管辖问题，《全国法院破产审判工作会议纪要》第三十五条、第三十八条对此作出规定，由核心控制企业所在地管辖，核心控制企业不明确的由主要财产所在地法院管辖，多个法院对管辖权发生争议的由共同上级人民法院决定。管辖权的确定充分体现了利益中心地为主的原则。资阳市中级人民法院发布的《关于适用合并破产相关规定审理关联企业破产案件的实施意见（试行）》（资中法〔2021〕103 号）第十五条就对此作出了细化。部分关联企业先进行破产再进行合并的模式应该遵从管辖恒定原则，一般由最先受理的法院享有管辖权，如果法院认为确实存在不妥时，应该将管辖权移送给合适的法院。

关联企业实质合并破产的级别管辖问题，我国现有法律并未对此作出明确规定，但是有部分省份人民法院发布的工作指引中有所提及。例如周口市中级人民法院发布的《关于关联企业实质合并破产工作指引（试行）》第二条规定："关联企业实质合并破产案件原则上由中级人民法院管辖；影响重大的疑难、复杂、新类型案件，可以由省高级人民法院管辖。"

第 154 问：如何开展实质合并破产案件听证程序？

《全国法院破产审判工作会议纪要》第三十三条规定："实质合并申请的审查。人民法院收到实质合并申请后，应当及时通知相关利害关系人并组织听证，听证时间不计入审查时间。人民法院在审查实质合并申请过程中，可以综合考虑关联企业之间资产的混同程序及其持续时间、各企业之间的利益关系、债权人整体清偿利益、增加企业重整的可能性等因素，在收到申请之日起三十日内作出是否实质合并审理的裁定。"由此可知，听证会是关联企业实质合并破产的前置程序。此规定对听证会制度只是原则性规定，对于听证会具体规则并未作出细化，导致实践中各地法院的方式不完全一致。

听证会由法院组织进行，在听证会召开之前，管理人可以协助法院通知参加者，可以通过电话、短信、邮寄通知等多种方式，告知参加者听证会召开的时间与地点，法院也应该发布公告进行通知，以充分保障利害关系人的知情权。利害关系人不仅指的是债权人，还应该包括关联企业股东、关联企业职工代表等可能会影响其利益的人。特别提出管理人不属于利害关系人的范围，王欣新教授认为管理人不应以利害关系人的身份参加听证，也不应作为债务人的代表参加听证，但是管理人尤其是提出实质合并破产申请的管理人有义务出席听证会。

听证会的具体程序包括法庭调查、法庭辩论、最后陈述等。举证责任方面，遵循《民事诉讼法》规定，即"谁主张，谁举证"，申请人应该提交关联企业合并破产的相关证据，其他利害关系人可以补强证据或提出反对证据。最后，法院根据听证会的结果，在收到破产申请之日起三十日内作出是否实质合并审理的裁定。

第 155 问：对于人民法院作出的实质合并破产裁定不服如何救济？

《全国法院破产审判工作会议纪要》第三十四条规定：“裁定实质合并时利害关系人的权利救济。相关利害关系人对受理法院作出的实质合并审理裁定不服的，可以自裁定书送达之日起十五日内向受理法院的上一级人民法院申请复议。”因此，利害关系人可以通过复议方式救济自己的权利。在申请复议主体方面，听证权与复议权是两项不同的权利，不能因为某些利害关系人没有被通知参加听证，或者通知但未出席参加听证，就限制其提出复议的权利。[①] 上级法院在接到复议申请后，一般采用书面审理的方式，尽快在合理时间内作出裁定答复。复议的方式对于利害关系人的权益保护层次较低，诉讼的方式可能会更为周全地保障利害关系人的权益，但是《企业破产法》并未对此作出规定。徐阳光教授认为可以参照《企业破产法》第十二条的规定，当异议债权人对于实质合并的裁定有异议时，应在十日内向上一级人民法院起诉请求救济。[②]

① 王欣新：《实质合并破产中听证与附议的规制研究》，载《法律适用》2022 年第 8 期，第 8—16 页。

② 徐阳光：《论关联企业实质合并破产》，载《中外法学》2017 年第 3 期，第 818—839 页。

第 156 问：关联企业合并破产的，债权申报期限如何确定？

我国现有法律并未对关联企业合并破产后，债权申报期限作出规定。北京市第一中级人民法院发布的《关联企业实质合并重整工作办法（试行）》第三十八条规定："实质合并重整案件审理中发生本办法第三十二条第三款规定的情形的，本院应当依照企业破产法第四十五条的规定确定债权人申报债权的期限，该期限适用于所有关联企业成员的债权人。"而此规定针对的是个别关联企业进入破产程序后，又有新的企业加入进行合并重整的情况。而关联企业分别进入破产程序后再进行合并破产的，在实践中，各破产企业的债权申报期限分别由法院确定，不再重新确定债权申报期限。

第 157 问：关联企业实质合并破产的法律后果是什么？

《全国法院破产审判工作会议纪要》第三十六条规定：“实质合并审理的法律后果。人民法院裁定采用实质合并方式审理破产案件的，各关联企业成员之间的债权债务归于消灭，各成员的财产作为合并后统一的破产财产，由各成员的债权人在同一程序中按照法定顺序公平受偿。采用实质合并方式进行重整的，重整计划草案中应当制定统一的债权分类、债权调整和债权受偿方案。”

第 158 问：房地产企业破产案件中可能涉及的刑事犯罪有哪些？

为了解决资金流问题，很多房地产企业通过推出高额理财产品获取社会资金，最终法定代表人因非法吸收公众存款罪而身陷囹圄，企业的经营管理陷入严重困难。可以说，实务中非法吸收公众存款是房地产企业破产案件中最为常见的罪名之一。

笔者通过在威科数据库检索发现，最近五年内，除非法吸收公众存款罪外，因虚假破产，妨害清算，隐匿、故意销毁会计凭证、会计账簿、财务会计报告等行为引发的犯罪数量呈现明显上升趋势。而房地产企业破产案件中往往存在债务庞大、账目混乱、财务混同等情况，因此如果实际操作中存在上述不规范行为，可能会导致刑事风险。

其中，虚假破产罪规定在《刑法》第一百六十二条之二，其行为表现是“公司、企业通过隐匿财产、承担虚构的债务或者以其他方法转移、处分财产，实施虚假破产”，这种行为违背了破产制度设立的初衷，也严重侵害了债权人的利益。不过将破产欺诈行为入刑，需达到一定的危害结果，即“严重损害债权人或者其他人利益”。结合《企业破产法》来看，这一犯罪行为可能出现在破产案件的各个阶段，这里的“利益”应包括破产费用、共益债务、职工债权、税款债权、优先债权、普通债权等，最终造成破产财产的直接减少。

和虚假破产罪不同，妨害清算罪只适用于破产企业清算阶段，规定在《刑法》第一百六十二条，是指公司、企业进行清算时，隐匿财产，对资产负债表或者财产清单作虚伪记载或者在未清偿债务前分配公司、企业财产，严重损害债权人或者其他人利益的行为。应注意的一点是，该犯罪适用的主体仅是公司、企业等经营主体。实务中出现了多起民营医院因资不抵债破产的案件，而该条款并不适用民营医院、民办学校等非经营主体，因此有必要扩大适用主体范围，使这一制度更加完善。

此外，隐匿、故意销毁会计凭证、会计账簿、财务会计报告罪规定在《刑法》第一百六十二条之一。会计凭证、会计账簿、财务会计报告作为反映企业财务状况的重要凭证，在企业进入破产程序后，企业负责人有义务妥善保管并向管理人交接上述全部凭证资料。如果企业法定代表人或主要负责人，故意销毁、隐匿财务账簿等相关材料，需依法承担相应的刑事责任。

第 159 问：破产管理人发现犯罪线索如何处理？

《企业破产法》第六条规定：“人民法院审理破产案件，应当依法保障企业职工的合法权益，依法追究破产企业经营管理人员的法律责任。”由此可知，管理人在接管破产企业财产后，负有举报企业犯罪及移送的义务。从管理人的职责来看，对破产企业是否存在隐匿转移财产、虚构债务、承认不真实债务等行为，管理人需要有一个初步的判断。通过将所发现的犯罪线索整理材料向公安等部门举报，有利于在接下来的刑事司法判断中查清案情，判断是否达到入罪标准，维护债权人的合法权益。管理人接管破产企业时，会接管破产企业的财产、债权债务清册、聘请专业的审计机构对破产企业的债权债务进行审核。因此，管理人会更易于发现破产企业的犯罪线索。

《企业破产法》第三十三条规定：“涉及债务人财产的下列行为无效：（一）为逃避债务而隐匿、转移财产的；（二）虚构债务或者承认不真实的债务的。”这要求对破产企业所隐匿、转移的财产进行追回，对于虚构的债务进行剔除，以保证债权人的合法权益，但是当破产企业隐匿、转移财产和虚构债务的损害扩大，严重危害公众利益，妨碍司法秩序时，就需要刑事法律的介入，以通过严格的惩罚与制裁手段，保障债权人债务人利益，维护司法秩序。

此外，管理人也有责任督促原企业留守人员严格执行有关法律法规和政策，规范操作流程，加强信息管理和披露，依法打击和有效防控内幕交易和市场操纵行为，防范道德风险和信用风险，防止恶意收购和国有资产流失，防止偷逃税款、逃废债等义务。

第 160 问：房地产企业破产案件中，如何处理非法集资问题？

房地产行业属于典型的资金密集型行业，因其自身常常需要极高的资金周转率，所以早年间的房地产企业常以高额利息为诱饵，向社会广泛吸收资金，导致债台高筑，最终走到破产的地步。这也直接导致了近些年的房地产企业破产重整案件中会伴随非法集资问题的出现。

根据《刑法》第一百七十六条规定，房地产的非法集资行为可能涉嫌非法吸收公众存款罪，而破产虽然不同于一般意义上的民事特别程序，但因其具有民事程序上的一些特征，其也常被称为广义上的民事特别程序，实践中关于房地产企业破产重整案件中非法集资问题的处理主要有以下要点。

一、实践中不同处理程序的选择

观点一：程序上选择“先刑后民”，通过刑事退赔程序解决

根据《最高人民法院、最高人民检察院、公安部关于办理非法集资刑事案件适用法律若干问题的意见》（公通字〔2014〕16 号）第七条第二款的规定，《最高人民法院关于审理民间借贷案件适用法律若干问题的规定》（法释〔2020〕17 号）第五条、第七条的规定及《防范和处置非法集资条例》（国务院令第七百三十七号）第二十三条、第三十一条的规定，可知我国司法实践中对集资类案件中的刑民交叉问题实行刑事程序在先民事程序在后的“先刑后民”处理原则。同时根据《最高人民法院关于适用〈中华人民共和国刑事诉讼法〉的解释》第四百三十八条的规定，对被害人的合法财产，权属明确的，应当依法及时返还。

综上所述，对于刑事案件涉及资产可以与企业合法财产进行剥离的，刑事案件受害人可以在刑事退赔程序中获得清偿；或者刑事案件对于破产程序中财产分配方案确有影响的，刑事案件受害人也可以通过申报债权来主张自己的财产权益。对于此类财产的债权可以采用暂缓认定和预分配额的方式，来

保障刑事案件受害人的财产权益。

观点二：程序上“刑民并行”，共同推进非法集资问题解决

《企业破产法》兼具公法与私法属性，在破产程序中既要解决债权债务清偿等民商事法律问题，还要解决企业破产时的社会公平问题。根据《最高人民法院关于在审理经济纠纷案件中涉及经济犯罪嫌疑若干问题的规定（2020修正）》（法释〔2020〕17号）第十条的规定、《最高人民检察院、公安部关于公安机关办理经济犯罪案件的若干规定》第二十二条的规定以及《全国法院民商事审判工作会议纪要》第一百三十条的规定，如果破产案件不以非法集资案件的审理结果为依据，此时可以采取“刑民并行”的处理原则，分别处理刑事案件和民事案件。

结合重整制度所包含的债务清理和企业拯救两条主线及房地产企业重整案件中私权保护和社会利益保护的双重因素考量，刑事犯罪涉及资产无法从企业合法资产剥离出来的，那么可以采用“刑民并行”的原则，即通过破产程序中的债权申报、债权审查、公示债权以及拟订重整计划（草案）、清偿债权等工作，能够达到提高重整效率、保护集资参与人的合法权益、维系社会民生稳定的目的。

二、集资类债权在房地产企业破产案件中实体上的处理方式

（一）集资类的债权清偿顺位

关于集资类的债权清偿顺位，应当建立在《企业破产法》第一百一十三条的基础上认定为普通债权，同时因集资类债权不具有法定的优先权，其清偿顺位应当在破产财产优先清偿破产费用和共益债务后按照该条文规定的顺位，在其他具有法定优先权的债权之后清偿。房地产企业破产重整案件中具有法定优先权的债权一般包括：职工债权、税款债权、消费性购房债权、抵押质押担保债权、工程款优先债权等。

（二）“集资获益抵顶集资本金”的法律依据

参照《最高人民法院、最高人民检察院、公安部关于办理非法集资刑事

案件若干问题的意见》（高检会〔2019〕2 号）第九条、第十条的规定，《最高人民法院、最高人民检察院、公安部关于依法处理非法集资犯罪的通告》第五条的规定以及《最高人民法院、最高人民检察院、公安部关于办理非法集资刑事案件适用法律若干问题的意见》（公通字〔2014〕16 号）第五条的规定，结合《防范和处置非法集资条例》第二十五条的规定："非法集资人、非法集资协助人应当向集资参与人清退集资资金。清退过程应当接受处置非法集资牵头部门监督。任何单位和个人不得从非法集资中获取经济利益。因参与非法集资受到的损失，由集资参与人自行承担。"可知，关于非法集资问题的处理应当坚持"不可获利"原则，即在房地产企业破产重整案件中关于非法集资问题处理上，应当在集资本金中依法扣除"集资参与人"在非法集资活动中的收益，包括利息、提成、好处费、返点费、佣金等。

（三）设立小额债权的标准，维护民生稳定

房地产企业破产重整案件中关于集资问题一般涉及人数较为广泛，为妥善解决民生问题，防止大面积信访事件的发生，参照《企业破产法》第八十二条第二款的规定："人民法院在必要时可以决定在普通债权组中设小额债权组对重整计划草案进行表决"，管理人可以在破产财产数额范围内建立 5%—10% 比例的偿付基金，用于制定 100% 清偿率的小额债权范围及标准，从而达到维护民生稳定的效果。

第 161 问：破产案件中，纳税义务人如何确定？

纳税义务人是指法律、行政法规规定负有纳税义务的单位和个人。破产案件中，当破产企业需要缴纳税款时，纳税义务人为破产企业，而非管理人。

一、在办理纳税事务上，管理人仅是基于《企业破产法》第二十五条规定负有对债务人财产的接管及处分等职责。参照国家发展改革委、最高人民法院、财政部等发布的《关于推动和保障管理人在破产程序中依法履职进一步优化营商环境的意见》（发改财金规〔2021〕274 号）第五部分第十一条规定，破产程序中的企业应当接受税务机关的税务管理，管理人负责管理企业财产和营业事务的，由管理人代表破产企业履行法律规定的相关纳税义务。因此，管理人作为纳税义务人破产企业的代表人，可以以企业名义办理纳税申报等涉税事宜。

二、破产企业因履行合同、处置财产或继续营业等原因在破产程序中确需使用发票的，管理人可以破产企业名义到税务部门申领、开具发票。

三、以破产企业名义开具的票据，在实施破产重整计划时，破产费用票据可以纳入开发成本进行抵扣。

第 162 问：房地产企业破产案件中，常见的税款债权种类有哪些？

房地产企业破产案件中，常见的税款债权种类主要包括增值税、土地增值税、土地使用税、房产税、企业所得税等。

一、增值税债权

增值税是指以单位和个人生产经营过程中取得的增值额为课税对象的一种税。增值税债权是指房地产企业欠缴增值税所形成的债权。

二、土地增值税债权

土地增值税是指纳税人以国有土地使用权、地上的建筑及其附着物取得增值额为征税对象征收的一种税。土地增值税债权是指房地产企业欠缴土地增值税形成的债权。

三、土地使用税债权

土地使用税是指对在城市、县城、建制镇、工矿区范围内使用土地的单位和个人征收的一种税。土地使用税债权是房地产企业欠缴土地使用税所形成的债权。

四、房产税债权

房产税是指对在城市、县城、建制镇和工矿区的房屋，按照房屋的计税余值或租金收入，向产权所有人征收的一种财产税。房产税债权是指房地产企业欠缴房产税所形成的债权。

五、企业所得税债权

企业所得税债权，是房地产企业欠缴企业所得税所形成的债权。

第163问：破产“新生税款”的性质应当如何认定？

企业进入破产程序之后，其法人主体资格并未消亡，在其办理注销税务登记前，仍是法律意义上的纳税人。在此期间，破产企业因其发生的各种应税行为而产生的税赋，即为“新生税款”。但由于破产债权属于破产程序启动前对债务人企业享有的财产请求权，而“新生税款”则产生于破产程序启动后，根据两者产生时间节点的不同，可以明确得出“新生税款”不属于破产债权的结论。对于破产“新生税款”的定性，《企业破产法》并未明确规定，实践中主要有以下三种观点。

一、“新生税款”属于破产费用的情形

《企业破产法》第四十一条规定：“人民法院受理破产申请后发生的下列费用，为破产费用：（一）破产案件的诉讼费用；（二）管理、变价和分配债务人财产的费用；（三）管理人执行职务的费用、报酬和聘用工作人员的费用。”

司法实践中，将“新生税款”认定破产费用的法律依据主要来源于该条文的第二项，即处置债务人破产财产过程中产生的税收支出，可以列为破产费用。

二、“新生税款”属于共益债务的情形

共益债务是指破产申请受理后为了全体债权人利益所发生的由债务人财产随时偿付的债务。参照《企业破产法》第四十二条第一项规定，“新生税款”列为共益债务应当符合《企业破产法》第十八条规定，即企业进入破产程序后，管理人决定继续履行破产受理前双方均未履行完毕的合同。此外，根据第四十二条第四项的规定，破产程序中若管理人决定债务人企业在第一次债权人会议前继续营业并经人民法院许可的或债权人会议决定债务人继续营业的，债务人在继续营业过程中产生的各项税收支出可以列为共益债务，由债务人财产随时清偿。

三、"新生税款"既不属于共益债务也不属于破产费用，而由其他利害关系人承担的情形

破产案件中，管理人经常通过网络拍卖的方式处置债务人财产，尤其在房地产企业破产案件中，涉及债务人土地、在建工程、房屋、车位、地下室、股权甚至重整投资人资格的拍卖经常出现在各大网络拍卖平台。在各类平台的竞买公告和竞买须知中，管理人通常将交易所产生的税费作为负担条款转嫁给买受人承担，此种情形下的"新生税款"自然既不属于共益债务亦不属于破产费用。但目前实践中，对此做法的争议不断，尤其在涉及大宗土地拍卖过程中往往产生大量的交易税费，后期极易引发争议及诉讼，这对于促进交易以及管理人推进破产程序进程往往会造成不利影响，实践过程中应当予以关注。

第164问：破产财产变价过程中税费如何负担？

《企业破产法》第一百一十二条[①]规定，破产财产变价的方式一般为拍卖，债权人会议另有决议的也可以通过其他方式。无论通过何种方式，财产变价过程中都需要缴纳税费。破产财产转让过程中产生的税费，应当按照法律规定由相应主体承担。

目前，拍卖过程中的税费负担随着法律的更新已经发生变化，由原来的买受人负担，转变为相应主体依法各自负担。2017年1月1日实施的《最高人民法院关于人民法院网络司法拍卖若干问题的规定》第三十条规定："因网络司法拍卖本身形成的税费，应当依照相关法律、行政法规的规定，由相应主体承担；没有规定或者规定不明的，人民法院可以根据法律原则和案件实际情况确定税费承担的相关主体、数额。"

顺应"互联网+"时代的潮流，网络司法拍卖成为目前的主流形式，虽然《最高人民法院关于人民法院网络司法拍卖若干问题的规定》没有区分网络司法拍卖与传统司法拍卖税费负担主体的不同，但从法律公平适用的角度考虑，不能因拍卖形式不同而产生区别，非网络形式的拍卖亦应遵循第三十条的规定，但也要有所区分。《最高人民法院关于人民法院网络司法拍卖若干问题的规定理解与适用》[②]中认为：《最高人民法院关于人民法院网络司法拍卖若干问题的规定》第三十条仅针对网络司法拍卖过程中产生的税费承担标准，对于拍卖物在拍卖之前由于欠缴等原因形成的税费未作出规定。2017年1月1日前未完成的网络司法拍卖行为，相应税费承担应适用《最高人民法院关于人民法院网络司法拍卖若干问题的规定》第三十条所确定的原则。

---

① 《企业破产法》第一百一十二条规定："变价出售破产财产应当通过拍卖进行。但是，债权人会议另有决议的除外。破产企业可以全部或者部分变价出售。企业变价出售时，可以将其中的无形资产和其他财产单独变价出售。按照国家规定不能拍卖或者限制转让的财产，应当按照国家规定的方式处理。"

② 最高人民法院执行局：《最高人民法院关于人民法院网络司法拍卖若干问题的规定理解与适用》，中国法制出版社2017年版，第125页。

尽管有上述规定，但具体到破产案件，由于债务人本身已经资不抵债，如果再让其承担拍卖变价资产所产生的税费，无疑又加重了其负担，也不利于对债权人利益的保护。如第 163 问所述，在实践中，管理人会在竞买公告和竞买须知附加条件，明确说明产生的税费由竞买人负担。

第165问：房地产企业破产案件中，对于已完成开发并销售的项目如何进行土地增值税清算？

一般房地产破产重整项目主要是通过选择土地增值征收模式降低税负。

一、土地增值税一般为查账征收，应税增值额为应税收入减去规定扣除项目后的余额。适合于成本资料、收入凭证、费用凭证比较齐全的房地产企业。对于土地增值税查账征收的，企业所得税亦应查账征收。

二、核定征收模式

（一）适用情形。适用于《税收征收管理法》第三十五条规定的依照法律、行政法规可以不设置帐簿的；应当设置帐簿但未设置的；擅自销毁帐簿或者拒不提供纳税资料的；虽设置帐簿，但帐目混乱或者成本资料、收入凭证、费用凭证残缺不全，难以查帐的；发生纳税义务，未按照规定的期限办理纳税申报，经税务机关责令限期申报，逾期仍不申报的；纳税人申报的计税依据明显偏低，又无正当理由的情形。

（二）核定征收标准。依据《国家税务总局关于加强土地增值税征管工作的通知》（国税发〔2010〕53号）第四条规定，为了规范核定工作，核定征收率原则上不得低于5%，各省级税务机关要结合本地实际，区分不同房地产类型制定核定征收率。

（三）核算综合税负。对于房地产破产重整项目，破产房地产企业一般账目比较混乱或者成本资料、收入凭证、费用凭证残缺不全，基本难以查账。此种情形依据政策规定适用核定征收，但是否真的适用核定征收降低税负，需要综合考量、测算。当拟采用核定征收土地增值税时，需要核算核定征收综合税负与查账征收综合税负之间的差异，如果核定征收综合税负相对低可以考虑核定征收。

该种情况下，管理人就应积极与税务机关沟通协商，合理利用国家税收优惠政策减轻企业税收负担，减小重整投资人的税收风险，确保重整计划顺利执行。

三、规范核定征收，堵塞税收征管漏洞

核定征收必须严格依照税收法律法规规定的条件进行，任何单位和个人不得擅自扩大核定征收范围，严禁在清算中出现“以核定为主，一核了之”“求快图省”的做法。凡擅自将核定征收作为本地区土地增值税清算主要方式的，必须立即纠正。对确需核定征收的，要严格按照税收法律法规的要求，从严、从高确定核定征收率。为了规范核定工作，核定征收率原则上不得低于 5%，各省级税务机关要结合本地实际，区分不同房地产类型制定核定征收率。

第 166 问：房地产企业破产案件中，管理人如何平衡各方利益、化解风险矛盾，保障破产工作顺利进行？

房地产企业重整工作涉及不同类型债权人之间、债权人与债务人之间、债务人大股东与小股东之间、债权人与债务人股东之间、债务人与重整投资人之间、个人利益与公共利益等多元化、多层次的利益冲突。而重整本身是通过不断博弈探索实现共赢的过程。

实践中存在因各方利益冲突不断，导致互不让步、互扯后腿的情况，这严重影响重整程序推进，妨碍了债权人权益的清偿。因此，在重整过程中兼顾平衡各方面利益，是一个需要慎重考量的问题。这主要可从以下几点进行切入。

第一，重视“府院联动”机制的作用。通过政府协调自然资源、规划、城建、市场监管、税务等多个部门，发挥政府集中力量办大事的优势，既有政府职能的监管，又有支持的力度，协调各方利益主体推动重整成功。

第二，发挥法院的司法裁判功能。在破产重整程序中，法院作为程序的主导者，应运用《企业破产法》所赋予的程序上的审批权、异议案件的裁判权以及对重大事项的决定权，保障程序正义、平衡各方利益关系。

第三，建立重整信息公开披露机制。《企业破产法》第一百二十六条[①]规定了有义务列席债权人会议的债务人如实回答债权人询问的义务，第一百二十七条[②]规定了债务人拒不向法院提供真实财务账册的法律责任，这

① 《企业破产法》第一百二十六条：“有义务列席债权人会议的债务人的有关人员，经人民法院传唤，无正当理由拒不列席债权人会议的，人民法院可以拘传，并依法处以罚款。债务人的有关人员违反本法规定，拒不陈述、回答，或者作虚假陈述、回答的，人民法院可以依法处以罚款。”

② 《企业破产法》第一百二十七条：“债务人违反本法规定，拒不向人民法院提交或者提交不真实的财产状况说明、债务清册、债权清册、有关财务会计报告以及职工工资的支付情况和社会保险费用的缴纳情况的，人民法院可以对直接责任人员依法处以罚款。债务人违反本法规定，拒不向管理人移交财产、印章和账簿、文书等资料的，或者伪造、销毁有关财产证据材料而使财产状况不明的，人民法院可以对直接责任人员依法处以罚款。”

可以理解成债务人对法院和债权人会议的信息披露制度，但仍需在披露内容、披露标准、披露时间等方面予以细化，充分保障各方利益主体的知情权。

可以说，破产重整是各方利益动态趋于平衡的过程，其坚持的司法理念是均衡保护、多方共赢。通过重整使房地产企业恢复经营能力，使债权人利益得到最大化保护，使经济发展、社会秩序得以稳定，最后实现一个多赢的结果。

第 167 问：破产案件中，如何保障债权人的查阅权？

《企业破产法》第五十七条第二款规定："债权表和债权申报材料由管理人保存，供利害关系人查阅。"《最高人民法院关于适用〈中华人民共和国企业破产法〉若干问题的规定（三）》第六条第三款进一步细化，"债权表、债权申报登记册及债权申报材料在破产期间由管理人保管，债权人、债务人、债务人职工及其他利害关系人有权查阅"；第十条规定了单个债权人的查阅权，"单个债权人有权查阅债务人财产状况报告、债权人会议决议、债权人委员会决议、管理人监督报告等参与破产程序所必需的债务人财务和经营信息资料。管理人无正当理由不予提供的，债权人可以请求人民法院作出决定；人民法院应当在五日内作出决定。上述信息资料涉及商业秘密的，债权人应当依法承担保密义务或者签署保密协议；涉及国家秘密的应当依照相关法律规定处理。"

由此可知，我国企业破产法律赋予债权人、债务人、债务人职工及其他利害关系人等四类权利人查阅权。对此应注意以下几点。

一、债务人、债务人职工及其他利害关系人仅能查阅债权表、债权申报登记册及债权申报材料；债权人除债权表外还可以查阅债务人财产状况报告、债权人会议决议、债权人委员会决议、管理人监督报告等参与破产程序所必需的债务人财务和经营信息资料，查阅范围更广。

二、管理人有义务为债权人、债务人、债务人职工及其他利害关系人的查阅提供便利。且针对债权人，法律还规定了救济渠道，如果管理人无正当理由不予提供，债权人有权请求法院作出决定。

三、查阅权的行使期间是破产申请受理之日至破产程序终结之日的破产期间内。

四、法律未规定四类权利人只能查阅与自己相关的资料，这意味着债权人可以查阅其他债权人的申报材料。

五、债权人行使查阅权的过程中，如果涉及企业商业秘密，可以由法院考虑将上述信息的查阅权限制在某些债权人范围内，或让可能获知上述信息的债权人签署保密协议[①]，在保障债权人查阅权与信息保密之间寻求平衡。

① 郭丁铭:《企业破产清算过程中的债权人利益保护研究——以〈企业破产法〉的完善为中心》，法律出版社 2013 年版，第 78 页。

第 168 问：房地产企业破产案件中，管理人如何从源头化解信访隐患？

信访问题在破产工作实务中始终是管理人工作的痛点、难点。为破解这一困境，要求管理人不仅做到“懂法、守法”，还需具备同理心与共情力，积极主动联系群众，做好矛盾化解工作，以高度的责任感和使命感夯实破产稳控工作的“第一道防线”。与政府、法院共建稳控长效机制，既要各司其职、各负其责，又要密切配合，完善工作机制，最终保障破产程序顺利进行，实现人民安居乐业。

管理人如果想要从源头上化解群众矛盾，有序推进破产工作，必须防患于未然，做好应急处置工作准备，应做到“一事一对策”。无论在破产程序中遇到任何问题，都要有相应对策，做到有备无患。全国企业破产重整案件信息网数据显示，在我国现阶段的破产重整案件中，很大一部分是涉众、维稳案件，其中尤其是房地产企业破产案件，牵涉购房户、回迁户、施工方、出资人、金融机构等多方利益主体，涉及债权人数量多，维稳压力大。

凡事预则立、不预则废。为确保破产重整工作顺利有序推进，在破产工作开始之前，管理人应组建一支在破产重整、资产处置、资源整合、稳控化解方面具有专业优势的团队，对即将参与的破产重整项目进行全方面、多维度的充分调研。对企业架构、负债情况及债权组成结构详细地摸底调查，不打无把握之仗，彻底做到有备无患。

在法院裁定房地产企业业正式进入重整程序后，应在第一时间召开管理人内部会议，进行内部组织架构细化分工。实践证明，为预防可能发生的维稳风险，管理人有必要在组织内设立综合稳定组，且应采取个人岗位责任制，厘清责任，加强管理，防范风险。还要制定应对突发事件的预案，由专人负责处理在破产工作过程中遇到的一系列维稳工作以及突发情况。在出现问题后及时向法院及当地政府进行汇报沟通，互通有无。

“兼听则明，偏信则暗。”管理人在执行职务的过程中，不能“高高在上、唯我独尊”，要积极搭建互通有无的平台，主动对接债权人，充分倾听债权人的心声，了解其内心真正的诉求，做到知己知彼，有助于管理人对破产工作中可能发生的稳控突发情况进行事先预防，实现破产程序的有序推进。

后　　记

世间万物，变动不居。当“房住不炒”时代来临，一些房地产企业不能适应变化，出现问题时已然积重难返、深陷债务泥潭。破产程序为房地产企业或依法退市或重整盘活提供了新的发展路径。面对购房人的殷殷期盼，面对行业的发展转型，企业破产法能够充分发挥其规范市场行为、保障公平秩序、合理配置资源的作用解决各方诉求。所以，我们合力编著了这本书，有了精选的168个问题及解读，才有了我们基于法律思维的实务经验分享。“予人为乐，与己而乐”，这恰是我们的初衷。

作为国内最早全方位、高深度介入企业破产领域的律师事务所之一，大成从工作方法到团队架构、从协调机制到质量控制、从项目实操到理论研究都积累了丰富的经验。大成中国区高级合伙人杨彦兵律师和刘丽云律师领衔的精英团队，会聚精研破产重整、民商事诉讼、刑事诉讼等各个方面的律师专家，具有深厚的法律理论功底和丰富的法律实务经验，并吸纳金融、财务、人力等各领域专业人员，为破产重整案件综合性法律需求提供多元化法律服务。

截至目前，我们已经担任众多房地产企业破产重整案的管理人，从债权申报、债权审核、投资人招募到专业报告出具、重整计划草案拟定、债权人会议组织等各个环节，均做精做细形成了体系。其中某美房地产开发集团有限公司、某城房地产开发有限公司、某业房地产开发有限公司、某太房地产开发有限公司破产、某祥房地产开发有限公司破产等多起破产重整案件的成功办理，在业界和当地均赢得了良好口碑。大成，意味着高度与专业，意味着务实与肯干，更意味着责任与担当。

本书共涵盖房地产企业破产领域的“府院联动”、管理人制度、债务人财产、债权认定与清偿、债权人会议、破产重整、预重整制度、实质合并破产制度、“执转破”、刑民交叉、税款处理等实务领域的 168 个问题，以房地产破产案件办理的流程为主线，对各个节点所涉及的法律规定、热点难点、理论争议、实操经验等进行梳理、分析，由点及面、由浅入深，注重理论性与实务性、工具性与可读性，以大民商思维拓展格局，有利于破产案件办理的规范化与体系化。这是编著团队集体智慧的结晶，是长期办案经验的总结与沉淀。

“千淘万漉虽辛苦，吹尽狂沙始到金。”回首担任破产管理人的这一路，风尘仆仆与加班加点相伴，常年出差与孤独思念相随，个中艰辛、滋味百般、甘苦自知。如果用什么来衡量我们这一路走了有多远，那么最直观的就是一张张高铁票，仅项目负责人一人一年累计里程就近 3 万公里。

但是，当看到曾经的烂尾楼亮起一盏盏的璀璨灯火，当看到停滞的楼盘复工、房地产企业走出困境，当看到等待多年的回迁户、购房人乔迁新居露出久违的笑容，曾经被债权人不理解的责难、曾经夜以继日工作的艰辛、曾经马不停蹄的奔波之苦，这一切所包含的委屈与辛酸、汗水与付出，都化作终获成功的喜悦，激励着我们开始下一段历程。

以专业赢得支持，以实干促进共赢，细节处见严谨，勤勉处彰敬业，立身以责，履职以行，恪尽职守，以法律之“妙手”挽困境企业于“新生”，以律者之“匠心”助债权人于“公平”，这就是破产管理人的价值所在，也是我们一直坚持走到现在的初心所在。

本书得以顺利付梓，诚挚感谢中国人民大学教授、博士生导师王欣新老师的关怀与帮助，感谢中国法制出版社的编辑刘悦老师、王好娇老师的倾力支持。

“鲸波万里，一苇可航”，信念坚定者，大海可渡，江水可渡，难关可渡，于拼搏的波涛中取得一番成就，于理想的奋斗中获得自我提升。长路漫漫，我们必将坚守初心，永葆热爱，苦练内功，团队作战，继续在破产领域深耕不辍、勇往直前！

是为后记。

图书在版编目(CIP)数据

房地产企业破产168问 / 杨彦兵，刘丽云编著. —
北京：中国法制出版社，2022.11
ISBN 978-7-5216-3173-9

Ⅰ. ①房… Ⅱ. ①杨… ②刘… Ⅲ. ①房地产企业—
破产法—中国—问题解答 Ⅳ. ①D922.291.924

中国版本图书馆CIP数据核字（2022）第214785号

策划编辑：刘 悦 王好娇
责任编辑：刘 悦（798489332@qq.com） 封面设计：汪要军

房地产企业破产168问
FANGDICHAN QIYE POCHAN 168 WEN
编者 / 杨彦兵 刘丽云
经销 / 新华书店
印刷 / 三河市国英印务有限公司
开本 / 710毫米 × 1000毫米 16开 印张 / 19 字数 / 297千
版次 / 2022年11月第1版 2022年11月第1次印刷

中国法制出版社出版
书号ISBN 978-7-5216-3173-9 定价：68.00元

北京市西城区西便门西里甲16号西便门办公区
邮政编码：100053 传真：010-63141600
网址：http://www.zgfzs.com **编辑部电话：010-63141819**
市场营销部电话：010-63141612 **印务部电话：010-63141606**
（如有印装质量问题，请与本社印务部联系。）